A.E.あるいは希望をうたうこと

新実徳英の「音・人・出会い」

ARTES

まえがき

A.E.＝After the Earthquake＝震災後。作曲家は東日本大震災後の作品にこの「A.E.番号」を付すことを決意した。このエッセイ集はその前後の作曲家の心の動きを記録したものである。

２００７年12月から毎日新聞九州版のエッセイとして毎月３枚ほどを約５年間書き続けた。音楽や人との出会いの歓びをアレコレと楽しく記しつつ月日は流れていった。それは２０１１年３月５日付の原稿まで続いたのだが、翌4月から少なからず変わらざるを得なかった。３・11の震災と人災で私の心の中に「重し」のようなものが生まれ、その「重し」から逃れて音楽や人について考えたり作曲したりすることができなくなったのです。

だからといって「不条理」に苦しんでいる方々に救いの手を差しのべる力

は僕などにはない。ただただ、その方たちのことを想い、その想いの中で作文し作曲してきたのだった。

あの震災以降の全ての作品にA.E.番号を付すことにした。After the Earthquake の略語です。震災と人災を風化させてはならない、という自分に対しての戒め（これを記している現在、A.E.51となる弦楽四重奏曲第4番の初演待ちです）。

そのような流れの中で、震災後もエッセイを書き続け、２０１３年3月の第64回でこのシリーズが完結した。

さて、この本の特徴は、それら過去のエッセイと、それに対し現在からコメントしたもの（時にツッコミですね）を上下に配したことです。過去の僕と今の僕とがこの本の中で出会う、これは書き手である自分にとっても、中々に面白い趣向になったと思います。

どこから読んでも、上段の「過去」からでも下段の「現在」からでも構いません。この本の中を縦横に飛び回り楽しんでいただけたら本望です。

今、これを読んでくださっている方々も、つまりは「僕の出会った方々」であり、その皆様に僕の言葉を捧げたく思います。

巻末にはA.E.1～A.E.51の作品リストを掲載しました。「なんだかデコボコとやってるのね（笑）」と眺めていただければ幸いです。

それでは各回3枚、2007年12月から2013年3月までの「僕のミニ・ヒストリー」の始まりです。

目次

2009年

2010年 89

2011年 127

2007年は12月がこの連載「音・人・出会い」の始まりであった（毎日新聞西部本社版）。初回は幼児期のいちばんはっきりしている記憶、ヴァイオリンのレッスンのことを記した。そして再びお稽古を開始したこと。作曲につきまとう悩みはいつだってあるが実に屈託なくヴァイオリンやピアノで合奏して、楽しんだものだ。ヴァイオリン独奏曲《ソニトゥス・ヴィターリス》Ⅳ＆Ⅴをこの月に発表し、これは09年のヴァイオリン協奏曲第2番につながった。

2007年

ヴァイオリン再《ふたた》び

2007.12.15

嫌いだった稽古が楽しく

5歳のころから6年間ほどヴァイオリンを習った、というより習わされた。最初のころのレッスンの記憶は鮮烈だ。ポマードくさい男先生がヴァイオリンを構えた僕を後ろから抱えるように右手と左手をわしづかみにして「ギッギッギッギッギッギー」とやらせる。ほんとうは《キラキラ星》になるはずのメロディもこれじゃあノコギリのほうがまだましだ。

これが僕の「面と向かって」の音楽との出会いで少なくとも歓《よろこ》ばしいものでなかったことは確かだ。それ以前は童謡のSPレコードを回しては踊りまくっていたという記憶がうっすらとある。こちらの方がなにがしか音楽的で、後年の自分のキャラクターに近いものがあるような気がする。よく6年間

▼ヴァイオリンのお稽古はこのあと数年続いたのだが、ある時、僕の敬愛するオバサマの卒寿の祝いの会で自作を弾いたところ、家人が「ナンテ下手なの!」とのたもうた。大いにキズつき、大いに反省し、それ以来、人前で弾くのもお稽古も止めてしまった。

が、考えてみれば人に聴かせるために練習したわけではなく、ひたすら自分の楽しみのためだったし、時折、学生

もレッスンに耐えたものである。小学5年生になったある日、僕は宣言した。「お父さん、ヴァイオリンやめます」。

長じて大学3年生となった秋、「お父さん、芸大の作曲科に進みます」とこれまた宣言。工学部からの転進である。父は「勘当だ、出ていけ」と怒鳴った。が、説得よろしくついには父が折れた。事業の跡取り息子にそむかれ、かつ食えるやら食えぬやら訳のわからない世界に息子を送り出すことになった父のやるせない気持はいかばかりであったろうか。

作曲科を卒業した20代終わりごろにはこの仕事を天職と心に定め、以来30数年あれこれと作曲活動を営んできた。そして今、なんと再びヴァイオリンである。日々一人こつこつと練習する。あれほどいやだったお稽古がなぜこんなにしみじみと楽しい時間

たちにアンサンブルで遊んでもらうのが「役得」であったのだ。そろそろ練習を再開します！　他者と響き合う歓び、これこそ音楽の源である。

になったのか。理由はいくつも考えられるが、その遠因はやはり子どものころのヴァイオリン体験にあるだろう。

さて、こうなるとどこへ行くにもヴァイオリン持参。ことに福岡ではピアノサロンを主催する酒豪マダムがデンと控えてくれて、「はいっ、《スプリング・ソナタ》ね、オッケーですよ」と付き合ってくださる。ほんとはイヤイヤかもしれないけどそこはそれ、義理と人情。あとは大酒喰《く》らってハッピーエンドなのである。

2008年はピアノ三重奏曲《ルクス・ソレムニス（荘厳の光）》で締めくくった。6月に華厳教と「重々無尽」のことを記しているが、それが副題に結びついていった。この世に孤立したものはいっさいない、という思想。私たちもそのような「つながり」の中で生かされているのだろうか、という問いでもあった。

2008年

作曲とは「組み立て」

2008.1.12

作曲とは「作って曲げることなり」との説もあるが、実は「作曲する＝コンポーズ」であり「組み立てる」ということである。

では組み立てるための素材はどうするのか。それを見つける、つまりは発見するのが作曲という仕事の発端である。発明ではなく発見。だがこの発見がなかなかに容易ではない。鍵盤の上をウロウロしていれば見つかるかというとそうでもない。ある時ふっと「あっ、これだ！」とひらめくのである。これを天啓というのだろう。

次にやるべきことはそうして見つけた素材を育てていくこと。この音はどこへ行きたがっているのか、どこへ行くべきなのかを耳を澄まして聴きとるので

▼人には誰でも天賦の才というものが大なり小なりあり、その意味では皆「天才」である。という意味で、僕も「自分は天才である」と思っているし、井上道義もまた「天才」であり、オーケストラを自在に動かす。

天才の最上階にはバッハやモーツァルトやベートーヴェンが鎮座ましまして、これらの方々にはとてもじゃないが誰もたちうちできない。歴史

ある。作曲の難しさはこのあたりにあると僕は思う。作曲はつまるところ人間の営為であるから、そこに意志と言うものが働く。だが、その意志＝作為をできる限り突き放して音の意志を聴きとる。

これが肝要で、たとえばモーツァルトなどはひとたび天啓をもって生まれた音が次にどこへ行きたがっているのかを自在存分に聴きとれた。しかもなんの努力もなしに、という天才だった。うらやましい限りですね。

しかし演奏に技術が必要なのと同様に作曲にも技術が必須である。聴き取った音をあるべき姿で譜面に定着させて初めて人間の奏でる音楽になるのである。その意味でやはり人間の営為であるということ。

先日、オーケストラ・アンサンブル金沢の演奏会で自作《協奏的交響曲――エラン・ヴィタール》の

上に残る全ての音楽家はそのような方々である。

そのことがはっきりわかることは大切なことだ。偉大な存在を偉大と認識できないようではなんともならない。

再々演を聴いた。指揮の井上道義さんは僕が予期した以上のものをこの曲から引き出してくれて大いに驚き、かつ感動した。音の渦の中にあって「ここはこんな風にやりなさい」と天啓が彼にささやき続け、彼はそれを聴き取り自らの肉体を通して具現したのである。周到な準備は必要だが、その時その場所でしかわからないことをすかさずキャッチし反応する。これも指揮者、演奏家に欠かせない能力である。

天啓とは最初に記したように「あっ、これだ！」であり、人それぞれに誰でも得られるものと思う。ただしそのためには一度自分というものを捨てる、投げ出すのがポイントで、日本ではこれを「無心」というのではないだろうか。

琉球旋法の不思議

2008.2.9

独特な色彩を醸し出す

音楽の基本となる素材は旋法＝音階で、これなくしては旋律というものが成り立たない。いろいろな旋法があるが、最も身近なものを挙げれば、ドレミファソラシド。これは長旋法だ。対する短旋法はたとえばラシドレミファソラ（他に2種類ある）。滝廉太郎の歌を例にとれば、《花》は長旋法、《荒城の月》は短旋法で作られている。音調の明暗が対照的ですね。

そのどちらでもない旋法の一つに琉球旋法と呼ばれるものがある。これはドミファソシドというもので、長旋法と比べるとレとラが抜けている。それゆえにこそ独特な色彩感を持つことになる。

さて、この旋法の源流はインドにあり、そしてイ

▼琉球旋法、いいですね。沖縄の三線《さんしん》の響きを聴いたとたんに僕の心と身体は溶けるような気がする。「縄文」の声に耳を傾ければ沖縄はまさしく日本の「ふるさと」なのである。沖縄対策、とでもいうべき昨今の日本政府の態度はとても哀しく情けない。

昨年の5月（２０１５年）、大重潤一郎監督作品『久高オデッセイ　第三部　風章』の

ンドネシアのガムランにも同じ旋法がある。ある血液学者による「日本人のO型因子の60％は南方系」という趣旨の説を自分勝手に解釈すると、人・音楽（＝旋法）は古代において南から入ってきた時期があったのではないかと思われるのである。ところが、琉球旋法は沖縄から奄美諸島まで広く分布するのに九州本土にはない。これがとても不思議なのである。そもそも入らなかったのか、それとも入ったのに何らかの理由で葬られたのだろうか――てなことをつい考えてみたくなる。

長旋法、短旋法は明治初期に西洋から入ってきた。もし日本人が西洋の音楽も文明もマッピラだと言ったら、いまだに日本の音楽はドレミソラの五音音階やら、主に江戸時代の都会で行われた音楽の旋律、都節《みやこぶし》やらでやっているのだろうか。

音楽を作曲した。この映画は沖縄・久高島の風俗・霊性を巡る抒事詩といっていいだろう。僕は「沖縄の優しさを、明るさを、霊性を、そして沖縄が沖縄を取りもどす」、そのような願いを込めて映像と向き合ったのだった。

沖縄に犠牲を強いてはならない！　こんな当たり前のことをなぜ理解できないのであろうか。

そうではなかったのは誰もが知るところで、以来、長・短の旋法による曲はあまた作られてきたし、それらの旋法で作られたモーツァルトやベートーヴェンなどの作品を日々楽しんでいる。

琉球旋法の「本土上陸」をはばんだのは何か。当時の勢力争いの結果か、などと想像をたくましくしつつ、でも沖縄固有の音楽が楽しめるのはそうした何かのおかげ、と思ったりもする。だって日本全土で琉球旋法をやってたら、面白くもなんともないじゃないですか。僕は沖縄音楽、その色彩を身近にはないものとしてこよなく愛しているのだから。

蓼科の山小屋生活

2008.3.8

樹木も演奏に感応？

例年この時期、長野県は蓼科の山小屋にこもって仕事をしている。もちろん愛器のヴァイオリンも持参。仕事の合い間にピアノやヴァイオリンで遊ぶのも僕の楽しい日課である。

今年は例年になく雪がたくさん降って、そのつど雪かきをしなきゃならない。これも楽しくなくはないけれど、たび重なると結構シンドイ。なぜそんな場所にこもるのかと訊《き》かれるとちょっと返事に困るのだが、要は僕がシティボーイではなくカントリーボーイである、というのが答だ。都会に住む便利さ、楽しさは日常のこととしてよく解《わか》っているのだけれど、なにかをゆっくり考えたり自分の足元を見つめ直したりするには山奥が良い。なんといっても時間

▼「……音楽は大自然の中から生まれた。……」などとわかったようなことを記している8年前の僕。でもその想いは今も変わらない。

このことに気付いたのは40歳を過ぎてから年に数ヶ月の蓼科での暮らしを始めてからだ。都会生活者の僕は傲慢だったと思う。人間も動物たちも大自然に生かされているのであり、その中にあって「自分で生きている」のに過

がゆっくり過ぎていく。

　山の中に暮らすということは大自然と対話するということである。眼前に広がる山々（八ヶ岳や南アルプス）や周りの樹々、小鳥たち、それらはいつも何かを語りかけているように感じる。もちろん「彼ら」にとって僕は無用の存在であり、僕はひとつのセンサーでしかない。僕はたくさんのものを彼らから受け取っているのだが、僕からの返信を受け取ってくれることはない。

　と思っていたのだが、こんなことがあった。《宇宙樹》という二十絃箏とオーケストラの協奏曲を書いた時のことだ。一冬この蓼科にこもって曲を完成させた。夏に初演されたその曲のテープを持って山に戻り、ある夜、窓という窓を開け放ち大音量でかけた。するとどうだろう。曲が響いている間、さや

ぎない。

　今にして思う。大自然の中に全てが秘められている。それを見つけ出すのだ。バッハやモーツァルトやベートーヴェンはそのことをよく知っていたと思う。そしてもちろん、文学者、哲学者、数学者、物理学者……、皆、宇宙と人間の根源を見すえようとしたのである。

さやと鳴り続けた樹々のざわめきが曲が終わった瞬間にピタリと止み、しばらくはさやとも言わない。まるで樹々からの沈黙の祝福を受けたような気がした。

もちろんこれは僕の勝手な思い入れだ。けれど樹が音楽に感応する、そんなことがあったっていいじゃないかと思ったりもする。たぶん僕は過度にロマンティストなんだな。でもそんなことをとても楽しんでいるのです。

音楽は大自然の中から生まれた。そのこと、そして人間は自然の一部であるということを僕たちはもう一度思いなおさなければいけないのではないだろうか。

2008.4.12

立ち方はクツから

指揮までうまくなった!?

僕の足は扁平《へんぺい》甲高、クツの周りのサイズでいえば4Eというカッコ悪い見本のような足である。靴屋さんになんともキレイでスッキリしたイタリア製のクツが並んでいるのを見て、思わず「4Eってサイズ……」とたずねると、その言葉を言い終わる前に「いいえ、こちらにはございません」とニベもない返事。再三そんなことがあったのでもうあきらめていた。

　ところがあったのですね。たまたま時間が空いたのでデパートの靴売り場に立ち寄り、イタリア製とおぼしきコーナーで先の質問をしてみた。なんと店員さんが「こちらの商品をぜひお試しください」と言うではないか。早速履いてみる。おっ、これがピ

▼クツが良いからといって指揮までうまくなることはありません（笑）。が、足まわりが安定しているのはなかなかに気持ち良いものだ。

　この稿での発見は、ヨーロッパの楽器は全てクツを履いて奏するということだった。対して日本の楽器は、箏や三絃は足袋、尺八を立奏する時は草履。

　以来、学生たちにはなるべくクツを履いて練習するよう

タリと合う。木型をとって作ってもらってもこうはいかない、と思われるほどである。大げさじゃなく生まれて初めての体験。あまりにピタリなので黒と茶の2足買ってしまった。なんとか買える程度の値段だったのです。

さて、このクツで歩いてみるとですね、足と足が大地をしっかりと踏んでいる。これが正しい歩き方だ、って感じがしてくるんですね。

僕は自作の曲を指揮することが少なからずあって、先日、この黒クツのほうを履いてステージに上がったのです。足元の安定感がとてもいい。なんというか、立っているのが気持ち良いのです。心なしか指揮までうまくなったような気さえした。

そうだった、何ごとも立ち方だ。が、その立ち方はまずクツから始まる、ってことにやっと気が付かに進言してきたが、まずいないでしょうナ、自分の部屋でクツを履く人は。

日本の洋風文化は今やクツ↕スリッパの往復であり、ワレワレ日本人はそのことに何の違和感も抱かないのである。

されたのだった。

立ち方とは重心の前後左右のバランス、膝の緩め具合、腰の決め方などがポイントである。そういえばヴァイオリンの名手たちがステージで楽器を構える。その姿を見るだけでこれから立ち上がる美しい音が聴こえてきそうな、そんな見事な立ち方なのである。実はヴァイオリンを弾く姿勢は人の体のつくりからすると不自然きわまりないのにもかかわらず、なのだ。

思えばヨーロッパはクツの文化なのである。ヴァイオリンにしろピアノにしろ、あるいは他の楽器も、もともとクツを履いて弾くもの。クツを履く、立つ、歩く、弾く。クツは生活の基本にある、といっていいだろう。

西欧化著しい日本だが、クツだけはとうとう部屋の中に入り込めなかった、と妙な感慨を持つ次第である。

詩人・谷川雁さん

2008.5.10

沁みる滋養豊かな詞

もう20年ほど前のことになるが、大分県は日出町の料亭・的山荘に連れていっていただいたことがある。招待主は詩人の谷川雁さん（95年没）で、いわく「ニイミさん、ここの城下《しろした》カレイは一度は食べておかねばいけません」ということであった。食してみるとなるほど旨《うま》い。舌の未熟な僕にもここのカレイの豊かな滋養分が口の中で広がり、身体に沁《し》みわたっていくのがよくわかる。カレイの淡白な脂質がまた日本酒とよく合う。

庭を見やるとしっとりと落ち着いた風情で、その緩やかな斜面の向こうには大分湾が広がっている。なんとも絶妙な借景である。こういう贅沢な場所で飲み食いする。そんなこともあって良いのだよ、そ

▼的山荘に最後に出かけたのは２０１３年３月。ロケーションに変わりはないが、経営者が変わり、座敷はテーブル席になり、城下カレイも人数たっぷりというわけにはいかなくなった。ナニゴトカ常ナラン、だから言ったでしょ、一度はちゃんと食べておかねば、と谷川雁さんの声が聞こえるような気がした。

雁さんと作った《白いうた青いうた》はひたひたと静か

の佳《よ》さを味わいなさい、という雁さんの教えだったように思われる。

その雁さんとコンビで作った計53曲の《白いうた青いうた》という歌集がある。当初は10代の子どもたちのために、やがては子どもから大人まで、誰もが口ずさめる歌を作ろう、そのように展開していった歌作りである。まず僕がメロディを作る、そして雁さんが詞を付ける。この曲先行、詞後付けの順序による歌作りはほんとうに楽しかった。なんといっても僕からすれば好き勝手に、日本語のイントネーションを気にすることなくメロディを作曲できる。日本語の詞で作曲する場合、どうしてもイントネーションを気にせざるを得ないのですね。ところが、この方法だと僕は自由にメロディを作れる、というわけです。

に広がっている。この歌集によるフェスティヴァルは鎌倉で16回、鹿児島で12回、上富良野で8回、野田で単発的に3回。アチコチで《白青》ファンに「出くわす」、その楽しさ、うれしさ。このほど《白青》を題材にしたピアノ連弾版《ピアノ・ソングブック》を発表した。どこどこまでも「《白青》で遊ぼう」という魂胆なのである（同様に作成した《ヴァイオリン・ソングブック》は計18曲、3サツの分巻でとうのムカシに出版され、そのCDも発売されています）。

さて、この歌集が独唱、重唱、合唱の形で広まって、たとえば鹿児島では「白いうた 青いうた　ｉｎ　ｋａｇｏｍｍａ」というタイトルのもとに、毎年フェスティヴァルが行われている。昨年からは場所を鹿児島市から加治木町に移し、老若男女の合唱団が集う楽しい会がますますふくらんで行きそうだ。

子どもたちから大人たち、そしておじいちゃん、おばあちゃんたちが集まって、互いに歌い合う聴き合うという場は今の日本ではなかなか貴重だ。世代を超えて共感、交歓する。その中で育っていくものこそがこれから大切なのだと僕は思うのです。

昨年は雁さんの13回忌。「あなたのうたは少しずつですが、歌を愛する人々の心に沁みわたっているのですよ」と、この滋養分豊かな詞を付けてくれた作者に手を合わせたのでした。

愛おしい音符たち

山小屋にこもってやさしげな雨音を聴きながら、司馬遼太郎さんの小説『空海の風景』を読みふけっていると、意を尽くした文章に誘われ、いつになく宗教的・哲学的なものの想いに沈んでいく自分に気がつく。まれにこうした時間を持つことができ、僕はその時間をとても充実した気分で味わうのである。

同じく司馬さんの華厳経に触れた文章に出会ったことがある。この宇宙に孤立したモノ・現象はいっさいなく、全てのものは互いに依存し合っている。これを「重々無尽《じゅうじゅうむじん》」という。と、そんな趣旨だったと記憶している。その考えによれば、砂漠の砂粒一つだってこの宇宙から生成されたものであり、その連関の中にあるというわけだ。

2008.6.7

身に沁む「重々無尽」

▼2015年6月、奈良に行った折、東大寺の2月堂、大仏殿を御案内いただく幸運に恵まれた。その時の高僧のお話に「華厳宗では重々無尽……」のお言葉があり、思わず「知っていますよ」という顔になった、にちがいない。イカン、イカン、半カジリモンのくせして。華厳宗の何たるや全くわかっておらんのである。

とはいうものの、やはり珍

その時ハタと、まさしく音の宇宙もそのようなものである！　と思いあたった。音楽作品の中の一音一音は、それがどんなに短い音であれ、タテとヨコの連関の中で「生きて」おり、そしてそれら全体が作品の細胞となり組織となって全体を造っているのだ。

といったことはもちろん、とうにわかっていることだが、それが「重々無尽」という言葉に照らされると、いっそう身に沁《し》みて感じられたのである。

管弦楽作品を書く。「混んだ」部分は46段の五線紙にビッシリとお玉じゃくしが並ぶ。数えたことはないけれど、たぶん１０００個くらいはあるだろう。なんだか一つひとつの音符が愛《いと》おしくなってきますね。かわいいヤツラ。ものの十数秒のうちにそれらは過ぎ去る。けれども、どの一音もなくてはならないしい言葉を知っていると少しばかり得意気になってしまう。

荘子の言う天籟は聴こえぬ存在だが、地籟人籟はそこそこに鳴り続け、都会ではうるさいばかりである。それらの音も人間の営み故なのだから、「重々無尽」に含まれるのでしょうな。ま、ガマンです。

い音だ。そして次の音たちが現れては消える。最後の音が鳴り終わり、作品はその「生命」をいったん閉じる。

いうまでもなく僕たちもまた重々無尽の中にある。この世に生まれ出てから死ぬまで、「孤立した」存在であることは一度もない。長田弘さんの詩集『死者の贈り物』に〈アメージング・ツリー〉という詩があり、その最後の一部に「この世で、人はほんの短い時間を、／土の上で過ごすだけにすぎない。／仕事して、愛して、眠って、／ひょいと、ある日、姿を消すのだ、／人は、大きな樹の中に。」と詩《うた》う。

であるなら、いや、であるからこそ生ってどこまでも愛おしいよなァ。誰にともなく、心の中でそう呼びかけるのだった。

理解し合う最大の武器

つい先日、日韓の女声合唱団の交流演奏会が福岡で催された。アンコールに僕の曲を合同演奏してくれることになっており、リハーサルの指揮台に立った。感動しましたねぇ。なにが、ったって日本人も韓国人も全く見分けがつかない。まるで一つの合唱団のようだったのです。当たり前じゃないか、と言われそうですが、その光景を目のあたりにすると、やはり感動せざるを得ない。我々は兄弟だなぁ、とあらためて思った次第。

もう一つ感動したのは、韓国の人たちが暗譜で私の日本語の曲を歌ってくださったこと。しかも情緒豊かに。作曲者としてはこんなところにグッときてしまうのです。

2008.7.5

「音楽は世界語」か

▼日韓の音楽民間交流、実に佳き場でした。ほんとうに一、つの合唱団になったのです。

これに比べると国どうしの交流はなかなかに難しい。国と民族の面子を背負うからか。韓半島↕対馬↕九州と人々は往き来し、物流があったはず（何語で話したのか？）。その古代には日本も韓国もなかったであろう。

このような民間の交流、音楽、美術、スポーツ、様々な

思えば日韓の歴史は古い。かつて人々は島を伝って自由に行き来していたことだろう。両者の関係はとても近いのだ。言語的にはどちらもウラル・アルタイ語族に属す（単語や語幹に、接辞や助詞・助動詞などをくっつけることによって、文法的関係を示す膠着《こうちゃく》語である。フィンランド語、トルコ語もそうであるのはとても興味深いですね）。

民族的近さについては周知のとおり。ただし、日本には南方系の血も混ざっているから、さしずめ僕など血液は南方系、顔形は北方系ということになるかもしれない。

ところで「音楽は世界語」などと言ったりするが、はたしてそうなのか。日韓には雅楽という共通項があるけれど、民族音楽一般を比べると随分違っている。たとえば三拍子系のリズムが韓国にはあるが、

学問……それが大きく広がっていくことが大切ではなかろうか。そして佳き国交へとつながっていく。

こんな夢がいつかかなうことを願いたい。

日本にはない。旋律の抑揚も、これは言語からくるのだが、はっきりと異なる。

アフリカ中部のモシ族は民族の歴史を太鼓で語るほど敏感な耳を持っているのに、バッハもベートーヴェンも雑音に過ぎない、という話を聞いたこともある。思うに、「音楽が世界語」たりうるのは西洋音楽の語法を共有するか否かにかかっているのである。なかでも和声法、リズム法（拍節法）の比重が大きい。

先に記した演奏会で、言葉の問題はおいて、いともたやすく合同演奏が成り立ったのは、つまりは語法の共有による。これさえあれば今や世界中の人々が、各々の想いや感情を音楽に込めて歌い合い、聴き合い、そして理解し合うことができるのです。

そういった意味で、音楽はナショナリズムを超えるための最大の「武器」、世界平和に向かって音楽の果たす役割がもっともっと大きくなるよう願っている。

音楽も大自然の恵み

自宅の近くに神田川が流れている。その両側は遊歩道になっていて、歩くのには絶好の場所。で、僕は東京にいる限り、毎日そこを速歩する。時速6キロで30分ちょっと。家にもどって筋トレを少々。スクワット、腹筋くらいのもンですが、そのあとのシャワーが実に気持ち良いのです。

遊歩道に沿って立派な桜並木があり、それが絶好の理由。幹がずいぶんと太い。試しにはかってみると、一抱えでは足りない。いったい樹齢は何年だろうか。

時折歩みを止めて幹に手を触れてみる。重量感のある確かな手応え。「君たちはスゴイねぇ。冬の間はじっと耐え、春には花をいっぱいに咲かせ、やが

2008.8.2

あるがままに生きる

▼桜の木が話したり歌ったりするだろうか。

今のところ科学的な答えはない。が、お酒を作る時にバッハやモーツァルトを「聴かせる」なんてことをやっている人たちもいるというではないか。「聴く」なら「歌う」ってことだってありそうだ。ただしそれは本文中に記したように、いわゆる音波とはちがった波動で。

人間は「人間中心主義」で、

て葉をおい繁らせる。あるがままの自分を黙々と生きているよな、ほんとにスゴイよ」と心の中で呼びかける。もちろん返事はないけれど、きっと僕の気持は伝わっている、と思うのです。

こんな風に生きられたらなぁ。淡々と、大地に根を張って、何を気にするでもなく、あるがままに生きていく。これはたぶん人間にはできないことですね。できるとしたら、それはよほどの人生の達人である。

思えば人間たちは自らの力で生きているように錯覚しがちだけれど、それは大きな間違い。ほんとうのところ、人間が創《つく》り出したものはなにもない。大自然の恵みの中から自分たちに有用なものを見つけ出す。それを上手に利用する方法を研究する。その成果は時に偉大で、人間もなかなかやるぞ、感嘆や

自分たちに見えないもの、聞こえないものは存在しないも同然と思いたがる。そんな「常識」を科学がずいぶんひっくり返してきたにもかかわらず、だ。

そう思う時、宮澤賢治の想像力ってすごいな、とあらためて思うのです。

ら尊敬の念を惜しまない。が、大自然の恵み、なのである。

音楽もまた大自然の恵みである、と言ったら「それはちょっと変？」と思われる方もいらっしゃるでしょう。でも、そうなのです。

森の中にいて耳をすます。いろいろな音が聴こえてくる。樹々のざわめき、川のせせらぎ、鳥たち獣たち虫たちの鳴き声。それらはすべて音楽につながっているのです。ただしそのままでは「人間」の音楽にはならない。僕たち作曲家はそれらを人間の音楽としてよみがえらせるのを務めとしているのです。

桜の樹もきっと何かを話したり歌ったりしていることだろう。僕たちに感知できない方法で。彼らの「声」を、「歌」を聴いてみたいな。もし、そんなことがかなうなら、僕は《桜シンフォニー》を作曲することにしよう。たぶんできそうにありませんが。

「聴こえぬ音楽」

2008.9.6

音楽は聴いている時こそ音楽の時間、と普通は思うのだけれど実はそうでもない。

さっき聴いた音楽や、あるいは自分のよく知っている音楽や歌が頭の中をぐるぐるとまわって止まらない、ってことありますよね。残念ながら途中からあやしくなったり、うやむやに消えたりもするのだけど、これだって音楽を「聴いて」いる、味わっているということにほかならない。ひょっとしたらこれがその人にとっての一番の音楽かもしれない。だって自分の思うように鳴らせられるのですから。

J・キーツ（イギリス、1795~1821）の『ギリシャの壺に寄せるオード』の中に「聴こえる音楽は美しい、が、聴こえぬ音楽はもっと美しい……」

遊び心豊かな九州人

▼九州はなにかと御縁が深い。昨年も都城に行ってきた。市歌を作曲し、その発表会があったのです。その年は佐賀へ2回、宮崎、鹿児島へも。今年は武雄と都城に2回ずつ……。

九州6県上から左回りに福岡、佐賀、熊本、鹿児島、宮崎、大分。それぞれに個性的で興味が尽きない。酒に関して言えば、鹿児島と宮崎には日本酒の造り酒屋がない（は

という一節があるが、これはいったいどんな音楽のことを言っているのだろうか。続く一節で「耳にではなく、魂にその笛の音を届けておくれ……」とある。

　あるいはまた、中国古代の思想家・荘子は「天籟《らい》、地籟、人籟」について述べている。天籟＝天で鳴る音は人間には聴こえないのである、と。ここにも「聴こえぬ音楽」がある。

　現実に聴こえる音だけが音楽ではない、聴こえる言葉だけが言葉ではない……そんな風に僕は考えることにしている。

　想えば僕たちは現実の「もの」「こと」にとらわれ過ぎている。仕方がありませんね。それが生活するということなのですから。その感覚がなくなったらそれこそヤバイ。けれども想像に遊ぶ、そのこと

ず)。それで両県で酒といえばマッスグに焼酎ということになる。かつてはそう言われていた。

　今や流通の力はスゴイ。日本酒はもちろん、ワインや洋酒もなんでもござれ。どこへ行っても魚は豊富で旨い。九州大好き！

を失ってはいけないと思う。なぜならそこに創造の芽があるからだ。これはジャンルを問わないだろう。起業創業、政治経済、広く学問にも通じることに違いない。つくづく「遊ぶ」余裕をなくしたくないものです。

僕たち日本人はまじめ過ぎ、勤勉過ぎと思うことが少なからずあるけれど、九州に来るとちょっと様子がちがいますね。大阪から西、と言ってもいいかもしれません。皆、人生を楽しむということ、そこにある遊び心、という点ではどこの誰にも引けを取らないのではないかな。「聴こえぬ音楽、どう?」と問うたらば、「ん、それ良かね!」と遊び心豊かに受き取ってくれそうな気がします。

想像は創造につながる。この宇宙の片すみで僕は「聴こえぬ音楽」を聴こうとフラリフラリと歩いているのです。なかなかに「楽しか」。

商業主義にどっぷり？

福岡の友人が野見山暁治さんの著書『四百字のデッサン』を贈ってくださった。有名な画家とてご存知の方も多いでしょう。このほど東京から出雲、鹿児島、富山と回る旅の友にこの文庫本を持ち歩いた。実に面白く興味深い。飾らぬ文体が人間と人間関係をえぐり出す。画伯は人間を含む大自然の造形の、そしてその背後に横たわるものの秀れた観察者であると思い知らされた。

文章がまた魅力的なのですね。「素の上品さ」とでもいったらよいか。その上品さが時折僕の下品を直撃したりする。うむ、と唸《うな》ったところで今さらなんともなりません。ま、できる限り誠実愚直に行くほかないよ、と自らに言い聞かせるのでした。

2008.10.4

音楽の「品格」

▼「品格」なんて言うなよ、と突っ込まれたらツライなぁ。人がそれぞれの職業を誠実に生きていた時代は誰もが誠実で、それ故「品格」はついて回っていたと思う。今や「金主主義」の時代。小学生に「株の仕組み」を教えようとするのだ。誰かが「品格」と叫んでみないとイカンのではないか。

「言葉の誠実」をないがしろにするのが先ず良くない。

上品ということをいわゆる「お上品」と勘違いしている人たちがいる。

詩人谷川雁さんと共作した〈二十歳〉という歌に「パン屋の匂いから／逃げてきたおれを」という一節がある。この曲を取り上げてレクチュアした後、ある御婦人が僕のところにいらして、「逃げてきたおれ」なんて下品な言い方ではありませんか、とおっしゃる。いるんだな、この手の人が。こんな人には是非とも画伯のエッセイの「ウンコ」の稿（ユーモアと風格の一文）を読ませたくなる。僕はなかなかに人が悪くなった。

このところ「ナントカの品格」本がやたら出回っている。しかも売れているらしい。そのことはいいんだけど、みんな余程自信を失くしているんだな、と思いあたる。いつごろからそうなっちゃったのか。


「誠心誠意、対応してまいります」などと政治家がおっしゃる。それで？と思ってその後を見ていると、その方の行動のどこに誠心があるのかサッパリわからない。とりあえず言うだけなのですね。これが「下品」というものだと僕はいつも思うのです。

人々が大自然と格闘しつつその恵みの中で生きていた時代には品格のことなんか考えもしなかったでしょうね。篤実そのものに生きるほかないんだから。民主主義と金主主義が紙一重か紙の表裏になってしまった昨今、人が真っすぐに生きるのは難しくなったということだろうか。だったらさびしいかぎり。

そこで「音楽を！」と叫びたいのだが、音楽の世界もちょっとアブナイ。商業主義にドップリとつかりつつある。そのことをかつて武満徹さんが危惧《きぐ》されていたけれど、もう手遅れかもしれません。海外オペラの公演が一席3万円。ここでも唸るしかないのか。

幸か不幸か僕らのジャンル＝現代音楽は商業主義から見放されている。バブルがはじけた頃、行きつけの寿司屋で飲んでいるとダンナが訊くのでした。「ニイミさん、大変じゃないですか？」。答えていわく、「はー？　別に。もともと何もないのですから」。品格が身につきそうなはずなんですけどね。

あなたの宗教は？　と訊《き》かれたら、「縄文神道」と答えることにしている。訊かれたことはないのだけれど。

そもそも縄文神道なる呼び名があるかどうかすら僕は知らないし、なくたってかまわない。はるか縄文の古代に想いを馳せる。深い森、獣や鳥たち。畑はあったろうか。そして人々の大自然と結びついた暮らし。彼らは太陽を、山を、樹木を、海を崇《あが》め、祈る。そこには司祭も僧侶もいない。ただ祈る。だって大自然こそが彼らの生活を支えてくれるのだ。長野県蓼科の山中に暮らす時、僕はほとんど縄文人のように、お日さまや樹や獣たちに畏敬《いけい》の念を捧げているのである。

2008.11.1

我《ワレ》がなくなる時

▼大自然は神だ。あるいは大自然に神々が宿る。昨年、そんな映画『久高オデッセイ第三部 風章』（大重潤一郎監督）の音楽を担当した。沖縄本島のすぐ横の久高島を描いた映画だ。

ここには仏教はない。まさしく縄文以来の神道の聖なる空間が息づいている。行ったことはないのです。でも大重監督の映像を繰り返し観るうちにそう確信することになっ

とはいうものの、僕は縄文人のようには暮らせない。山小屋は水道、ガス、電気完備。情けない限りですね。脆弱《ぜいじゃく》な都会人。

　聞くところによればカナダの作曲家M・S氏は人里から100キロ以上離れた山中に、ほとんど自給自足で暮らしているというからスゴイ！　僕なんかよりもうんと縄文人に近い。とてもじゃないけど真《ま》似《ね》できそうにはありません。もっとも彼は樹や山を拝んだりはしないでしょうね。キリスト教徒でしょうから。

　ある時、八ヶ岳の山腹、樹海をじーっと見つめていたら、いつの間にかその中に入り込んでしまって、自分という意識がなくなっていた。はっと我に返った時、はじめてそんな状態だったことに気づくのだった。不思議ですね。我《ワレ》がなくなる。


た。そんな久高島に大重さんは全身で惚れ込んだのだ。

　大重さんの想いに限りなく寄り添おうと願って音楽を書いた。歌も歌った。この映画は「沖縄は沖縄だ」と言っているように思う。

実は音楽体験だってそのようなものでありうるのだ。夢中で聴いている時、そこには音楽を観察したり分析したりする自分はなく、音楽のまっ只《ただ》中に入り込んでいる。もはや長いとも短いとも感じない。聴き終わってはじめて我に返るのだ。

もし僕の曲をそんな風に体験してくれる人がいたら、そしてそのような演奏があったら、これほど作曲家冥利《みょうり》に尽きることはないでしょう。

僕にとって音楽は神さまからの最高の贈り物である。で、神さまの「声」は山奥深く、あるいは森の樹々に宿っているのではないか。そう思って僕は山や樹の「声」に耳をすます。やがてその「声」が聴こえ、それを人間の音として組み立てていく。そんな風に作曲できたらいいなぁ、といつも思うのですが、凡百の身にはなかなか聴こえてこないのですね、残念ながら。ひたすら祈る、しかないのである。

2008.12.6

ダイエットの前に

運動を毎日続ければ

昨今バナナダイエットが流行《はや》ってバナナの入荷が間に合わない、というニュースでマスコミがにぎわった。その前にはリンゴダイエット、キャベツダイエット。なるほど現代人は過食にさらされているのだなア、と思わされる。具体的根拠がはっきり示される前にとびつくのだから「病」は重いのかもしれない。

かつて僕は『赤ワインで健康ダイエット』なる本を書こうともくろんだことがあった。僕の個人的な実績によるもので、夕食には揚げ物、牛肉、チーズ、澱粉《でんぷん》の類を極力摂《と》らない。それ以外はOK。そして赤ワインは好きなだけ飲んで良し、というものだ。そのやり方で、最高73キロまでいった体重が数年前

▼ダイエット自慢、なんて鼻もちならぬ態度！　とかつての自分に腹が立つ。長生きと健康は結局「運」ではないのかと近頃思うのである。

僕の父は86歳までショート・ピースを1日に1缶（50本）。91歳で永眠。家内の母は最悪のバランスの食事を続けてきたが、現在90歳。食生活やらダイエットやら運動に気をつける僕は今や68歳。さてね、いつまでもつやら。

からは62キロ前後。僕にとっての赤ワインダイエットは大成功ということになる。

けれどもこれは誰にでもおススメできることではない。体質的に飲めない人にはまず無理。夜遅くにしか食事をとれない人にも難しいだろう。ビールとくれば揚げ物、この誘惑を断ち切るのは不可能、という方もいらっしゃることでしょう（というわけで本はやめました）。

甘味も強敵である。洋菓子のほとんどはバターと糖分がたっぷり、和菓子はバター分が少ないだけ救いであるが、それでも結構糖分があるのですよ。これは先日、小豆を煮てみてよくわかった。砂糖をケチると味にならないのである。

霊長類に属するとはいえ、そして宇宙は人間のためにある（これは思い上がり）と思ったとて、しょせ

鹿児島人の親友W君、彼がある時しみじみと僕に言った。「ニイミさん、商売は運だけです」。手広く商売して成功している彼の実感であろうか。僕の作曲にも運がありますように！

ん人間は動物。食べて出す。これだけでは「動物以下」ですから体を動かさなきゃいけない。そこで毎日30分の速歩、そのあとスクワットを100回、腹筋を50回、これをできる限り欠かさないことにした。福岡で泊まる時にもこれを実践するのですが、港方面はどうも殺伐としてかなわない。どなたか良い散歩コースを教えてくださらないかな。

長生きの時代に入ったけれど、晩年をベッドで過ごすのは勘弁してほしい。そう思う方は今すぐ生活を改めねば。なに、簡単です。今書いてきたようなことをそれぞれに実践すればいいだけですから。

モチベーションというのがありますね。僕はまがりなりにもプロの作曲家ですが、アマチュアの音楽家である権利もあるぞ、と思うのです。で、ヴァイオリンやピアノをなるべく毎日練習する。ほんの少しずつしか上達しない。でも楽しいのです。そして時に歌ったりもします。そのためにも体が元気じゃないといけない。

過食には精神生活の不満と切り離せない部分があることでしょう。そのことも考えていかねばなりませんね。

この前年、東京電力は最大規模の地震による15メートルの津波を試算していたとのこと。極めて残念なことである。賠償額がとてつもない額になりつつある現在、「あの事故は不可抗力だ」と言い始めている。

さて、この年の僕にとってのハイライトはヴァイオリン協奏曲第2番《スピラ・ヴィターリス》であった。この副題は、生きとし生けるものはみな「螺旋《らせん》(spira)」の中にある、という意味だ。清書を含めると完成にたっぷり3ヶ月を要し、右手の付け根が炎症を起こした。細かい音符を書き続けたからだろう。そろそろ楽譜浄書ソフトの練習を、と思ったが今に至ってまだ手が付かない。つくづくアナログ人間なんですね。いつになったら「打ち込み」で譜面を書くようになるのか。

2009年

ゴルトベルク変奏曲

2009.1.17

バッハの不思議な魅力

ご存じバッハの《ゴルトベルク変奏曲》は名作中の名作。なれどこの曲の成立はとてもおかしい。不眠に悩まされたカイザーリンク伯なる人物が不眠対策としてバッハに委嘱したのです。お礼は帽子に金貨いっぱいだったというからなかなかの金額ではないだろうか。

そして、バッハの弟子にされたゴルトベルク君は眠れぬ伯爵のために夜な夜なこの曲を弾いた。テーマ〈アリア〉と30の変奏曲、全体はざっと50分かかる代物だ。仕事とはいえなかなかつらかったかもしれない。伯爵は筋ガネ入りの不眠だったに違いなく――だって大枚はたいて委嘱するのだからね――ゴ君が一晩に2回、弾くことだってあったろう。

▼自分が眠れなくて困った経験は数えるほどしかない。２０１２年に「階段転落事件」を起こした際に救急病棟に５日間入った時、その３ヶ月後に手術のために入院した６日間、これくらいですね。だって一滴も酒が飲めないのですから。

そのほかの日々は適度に、あるいは重度に（笑）飲んで爆睡です。坂口安吾が「睡眠薬で眠るより酒で眠るほうが

僕は試しにこの曲のCDを聴きつつ眠る、ということを三晩続けてやってみたのですが、だいたい3曲目の途中で記憶がなくなっている。ひどい時は1曲目の終わりまでもたない。不眠とは無縁なんですね。というより、適量（?）のお酒がしっかり効いているのでしょう。

変奏曲というものはバッハ、モーツァルト、ベートーヴェンの時代にあっては作曲家の腕前、演奏の技術を示すものであったのですね。そのための「試合」があったほど。今記した作曲家たちはいずれも変奏の、しかも即興演奏の達人でもあったのです。バッハの腕にかかったら、この変奏曲も正味1週間かからなかったかも、と想像すると我々同業者にとっては何とも空恐ろしいことではあります。

時に、バッハの作品は実に不思議です。オリジナはるかによろしい」と書いているが、僕はそのとおり！と思っている。

不眠症の方々、ウトウトしている時間も実は睡眠のうちです。どうかウトウト感をお楽しみくださいますよう。

主人のために弾かなきゃならなかったのだけれど、
僕は僕のためにだけ弾くのですから。

ルとは異なる楽器で奏しても全然問題ないのです。たとえばこの《ゴルトベルク》のオリジナルはチェンバロ、それを現代のピアノ、さらに金管アンサンブル、弦楽アンサンブル、2台のギター（以上はCDが出ています）、どんな楽器でやってもその魅力がそこなわれることはないし別な魅力が立ち上ってきたりもする。こんな作曲家はバッハしかいないのかもしれない。

そのテーマである〈アリア〉を僕はこよなく愛していて、毎日1回ピアノで必ず弾くようにしている。体の「音楽細胞」がニュートラルに整う、って感じがするのです。従ってこのお正月の弾き初めもこの曲。ちなみにヴァイオリンの弾き初めは《シャコンヌ》。ただし僕が弾くと《シャコンヌ》も《ジャコンヌ》になり果てる。でも構わないのです。ゴ君は

動植物に報いる

2009.2.14

蓼科の鹿山村というところに僕の山小屋がある。その名のごとく鹿がたくさんいる。この冬もそこにこもって二つ目のヴァイオリン協奏曲に取り組んでいるのだが、朝な夕なに5、6頭の鹿の群れに出くわすこともしばしば。タヌキも見かけるし、いつぞやはニホンカモシカが我が家の庭で悠然と休憩(?)していたりもした。僕と目があっても逃げ出さない。すかさずケイタイで写真を撮ったものだ。

つい先日、午後のウォーキングに出かけたところ、なんと雪道に血しぶきの跡を発見。ギョッとしたなぁ。それが点々と100メートルは続いている。人間のものじゃあないとは思ったけれど、ちょっと気味が悪いのでそのまま引き返して警察に電話。

▼鹿山村は今も鹿が増え過ぎて皆さん大困りだ。鹿たちは樹皮を次から次へと食べてしまう。それで木々の表面は百日紅《さるすべり》のようにツルツルになり、やがては枯れてしまう。鹿の天敵オオカミを滅ぼしてしまった人間がその報いを受けてるってこと!?

大自然の食物連鎖に人間が介入してはいけなかったのかもしれないが、夜道ならずともオオカミの群なぞには出く

「たぶん鹿なんでしょうけど」と言ったのだけれど、見に来るとのこと。で、二人の警察官と共に「現場検証」とあいなった。結果、これは間違いなく鹿のもの、山の上のほうで撃たれた鹿が傷を負ったままここらを走り抜けていったのでしょう、ということで決着。

　カワイソウだなぁ、あんなに可愛いのになぁ、と思うのだけれど増え過ぎた鹿は人間にとって害獣でもある。年に数百頭は撃たれる運命にある。これもいたしかたないということになるのか。

　音大の授業で「御飯の時に『いただきます』、て言うでしょ。それってどんな意味？」と年に一度は問うことにしている。ところが誰も答えられないのですね。「いいか、僕たちは動物であれ植物であれ、生命《いのち》あるものをいただいて生きているんだ」と言う

わしたくないのだから仕方がない。

　鹿の側からすればいつもひもじいのだからありがたい状態ではない。

　さてさて、妙案はないものか。

と納得する。

まこと生命は貴い。そして僕たちはそれを体内に取り込むことでしか生きていけない。鹿肉もおいしいし牛肉もおいしい。鯛《たい》も鮪《まぐろ》も、キャベツもトマトも。これって業《ごう》ということなのでしょう。

そんなことを話しつつ、最後には「この宇宙、そして地上の全てのものは生命体なのである。音楽もまた然《しか》り。一つの曲は生命体であり、その一音一音は生命体の細胞である。演奏するということは、君たちがその一音一音に生命を吹き込むということであり、作品という生命体を甦《よみが》えらせることなんだ！」と結ぶ。

貴い生命をむさぼって生きている僕たちにできる最良のことはなんだろう。あくまでも人間的価値観から離れることはできないのだけれど、それはより佳《よ》き（善き）ものを産み出す、そのことに尽きるように思われるのです。

全力でミューズに奉仕

富山に桐朋学園大学院大学というのがある。本体である大学音楽学部は東京にあって、ざっと300キロは離れていることになる。これはひょっとしたらギネスブックなみの記録、でもないか？

学生たちは全国から集まっているが、2学年でわずか24人。全寮制、しかも寮は大学の隣にあるので皆、朝から晩まで音楽漬《づ》けの日々を送っている。

実は僕はそこの教員でもあり、作品分析の授業をしたりレッスンをしたりで年間六十数日を富山で過ごしている。俗に「住めば都」というけれど、富山こそまさしく「都」。というのも地形に恵まれて、魚は旨《うま》い、酒も米も旨い、しかも安い！　ここが肝心、高くて旨いのは当たり前なんだから。

音楽家の仕事

2009.3.14

▼宮澤賢治の「……一日二玄米四合ト……」の詩を知った近隣の農民の誰かが「ケンジさんとこでは米を食べてる！」と驚いた、という話が伝わっている。賢治に悪気があるわけではないが、なんとも切ない話である。やがて昭和恐慌に突入していく時代。

時に賢治が田中智学の「国柱会」の熱心な会員だったことは余り多く語られていない。法華宗系在家仏教団体で、帝

マグロは上等なのが能登半島の氷見から入ってくるし、今の季節なら寒ブリや解禁になったばかりのホタルイカ、そして白海老やばい貝などは飲み屋のメニューの「常連」なのです。

そのおかげかどうか、全身ワイン党であった僕の半身が日本酒党になったくらいです。まこと酒と魚（肴）は良き友達なんですね。

時に、尊敬する音楽家、画家、作家、科学者を挙げよ、と言われたらそれこそ枚挙に暇《いとま》がないけれど、私心の無さに関しては宮澤賢治にとどめをさす。生前は草野心平、佐藤春夫に認められたくらいで、ほとんど無名の存在。ところが今やその作品群は多数の言語に翻訳され、いずれ20世紀の日本を代表する詩人として世界中で認知されるに違いない、と僕は思っているのです。

国陸軍・石原莞爾中将も有力会員で、この会はやがて満州国建国のバックボーンとなっていく。

賢治さんの願いは奈辺にあったのか。あの谷川雁——大の賢治のファン——もそのことについては一言も語ってくれなかった。

その詩人に「……一日ニ玄米四合ト／味噌ト少シノ野菜ヲタベ／アラユルコトヲ／ジブンノカンジョウニ入レズニ……」なんて詩《うた》われると、これはもうただただ頭を下げるしかない。さしずめ僕なんぞは「――ミンナニ酒好キノデクノボートヨバレ――」ってなとこだなぁ。

賢治の生き方、その理想は余りにも気高く、自分との距離は無限大である。が、そんな僕にもささやかな理想がある。「常により佳《よ》き音楽家たらんとすること、それはつまりより佳く音楽の神＝ミューズに仕えること」というものである。

半歩でも一歩でも前進する、そして全身全霊でミューズに仕える、それが音楽家の仕事。そんな話をつい先日の大学院修了生の謝恩会でしたのだけれど、果たして僕の意を受け止めてくれた学生はいるのだろうか。もしかして、そのうちの誰かが数十年後に「そうか、あの時の話はこのことか！」と思い当たってくれれば、僕も天国でニッコリできるというものである。

春酔感懐

2009.4.11

桜の満開も花一輪から

前回記した富山にある桐朋学園大学院大学の入学式は4月の7日前後。そして僕はいったん帰京。次に来るのが4月の下旬。ところが桜の満開は月の半ばなのでこれまで巡り合うことがなかったのです。今年は例年にない暖かさのおかげで、これを記している9日は満開、しかも満月である。

夜桜と満月、なんともぜいたくな眺めで、往き交う人々も皆嬉しそうな表情をしている。かくいう僕もほろ酔いかげんで浮き浮きと川沿いの桜並木の下を歩いたのであった。

思えば、地球は太陽の子であり、それゆえ桜もまた太陽の子。一方、月の満ち欠けは太陽・地球・月の位置関係から生ずるものである。地上の満開の桜、

▼中原中也の「春宵感懐」は夜桜と満月のおかげであっという間に「春酔感懐」となる。ワンカップ片手に夜桜の下をそぞろ歩き。

富山の松川沿いの桜並木のことを記しているのだが、スペースの都合だろうか、ゴザやビニールを敷いての宴会集団は見当たらない。

東京の我が家の近所、神田川沿いの桜もなかなかに良いのだが、ここでは宴会集団だ

天空の満月、そしてそこに居合わせている自分、この「三位一体」は偶然の産物と言っていいかと思われるが、宇宙・大自然のもたらしてくれる因果に神秘を想いつつ、感謝を捧げたくもなるのである。

葉っぱ一枚ない冬の桜。じっと佇んでいるその姿はまるでなにかに耐えているようでもあり、しかし黙々とエネルギーを貯《たくわ》え、来るべき開花に備えているようでもある。実は僕はこの姿にこそより大きな共感を覚えるし、何ごとかを教えてもらっているような気持ちにもなる。

我々にそうした時間が必要なのはもちろんであるが、とくにモラトリアムの最終段階にある大学生、大学院生たちはまさに黙々とエネルギーを、その元となる体験や知識を貯える時期にある。が、どうもウチの学生たちを見ていると、「明日」すぐに役立

らけ。翌朝ウォーキングするといっぱいに詰まったゴミ袋があちらこちらに鎮座ましましている。なんとも情けない次第である。「ゴミは持って帰れっ」と叫びたい。

ともあれ、一輪また一輪と開いていく桜花を見つけながらの散歩は実に浮き浮きと楽しい。

つことにばかり関心がいっているように思われてならない。

ほんとうは「明後日」「明々後日」、つまり5年10年先の自分のあるべき姿を見すえて体験を深めていくべきなのだ。

とはいうものの、学生たちの気持ちもよくわかる。「明日」への道が見えてこないのに「明後日」のことなぞ考えられないのである。かくいう僕も芸大のころはもがき苦しんでいた。なんせ暗いトンネルの真っ只中にいるのである。度を過ごしてお酒を飲むこともしばしば（今も大して変わっていない、という説もあるが）。もしも神さまが「君、学生時代に戻してあげよう」と言ってくれても、こればっかりは御勘弁を、です。

桜の満開も一輪の花から始まる。それはその一輪への道程があって初めて成るものであるよナ。桜にウキウキするほろ酔いの頭の中を、そんなことどもが通り過ぎていく桜の宵であった。

作品個展を開いて

2009.5.9

つい先日、僕の作品個展（演奏会）があった。前半はフルート、ヴァイオリン、チェロ、ピアノなどによる室内楽作品、後半は打楽器ソロやアンサンブルによるもので、最初にレクチュア（構造人類学者の北沢方邦氏）、中間に対談（グラフィックデザイナーの杉浦康平氏と僕）もあり、トータル3時間かかるイヴェントとなった。

　プログラムの中で最も古い曲が東京芸大大学院2年の時のもの、最も新しい曲はつい昨年の12月に初演したもの。ざっと30年以上離れた歳月の間に作った6曲が並ぶのはちょっと不思議な気分でしたね。自分が生きてきた証をつきつけられるような、あるいは「ガマの膏《あぶら》」よろしく鏡に映った我が身にタ

螺旋の中に生きている

▼螺旋の種類にアルキメデスの一様螺旋とベルヌーイの対数螺旋というのがある。各々に方程式はあるのだが、僕は数学的には手も足も出ない。形としては前者は平面でロープをグルグル巻いたもの、後者はアンモナイトのような形。

　ここまで記して工学部の学生時代、函数論も線形代数もことごとくアカンタレだったのを思い出した。図学というのは多少できが良かった。た

ラーリと汗を流すような、ま、いろいろな感覚を味わい、そして曲にまつわるアレコレを思い出したりもしたのでした。

さて、この演奏会の副題を「螺旋《らせん》を巡って」とした。その理由を以下に記してみます。

螺旋がどのようなものかといえば、これは上昇する、あるいは前進する円運動ですね。身近なところでは螺旋階段、バネとかネジ。お風呂の水を抜く時にできる渦もすぼまっていく螺旋。巻き貝なんかもそう。そして我々の体内のDNAという螺旋。

日が巡る、年が巡るというのも一種の螺旋で、そう考えればあらゆる生命体もまた時間の螺旋である。そう想い始めてから僕は《風の螺旋》（オルガン曲）、《焔《ほのお》の螺旋》（オーケストラ曲）など、そして今回の個展で再演されたピアノ三重奏曲では「螺旋形式」なとえば円筒形のものを円錐が貫いている時、その時にできる境目はどのような曲線になるのか描け、というよう問題が出る。たぶん数式ではなくイメージで解答が見つけられるからできたのかも。

世の中わからないことだらけ、は今も変わらぬ実感である。人間にはわからないことのほうが多い、はるかに多いのです。

るものを意識して作曲したのです。

対談のコーナーでは杉浦康平さんが映像を使って、アジア・日本の図像にいかに多く螺旋・渦が取り込まれているかを解説してくださり、とても興味深かった。「援護射撃」をしていただいたようなもので、僕の螺旋に対する想いは更に深まった。

振り返れば北沢・杉浦両氏と出会って二十数年。その間にお二人の御著作、思想から少なからぬ教えをいただいた。その成果の一部を師とも仰ぐお二人と共に確認する時間が持てたのは望外の幸福で、まこと佳き出会いというのは貴重なものとあらためて思った次第である。

そういえば耳の中に渦巻細管というものがある。リンパ液で満たされていて、鼓膜の振動を伝えていくのである。音楽を直接に受け取る耳の中にもまた

螺旋。実に不思議ですね。我々は文字通り「螺旋の中に生きている」。そんな気がしてくるのです。

詞と旋律が洋楽と融合

仏教と共に日本に入ってきた音がある。御存知、声明《しょうみょう》である。それから1世紀前後を経て雅楽が伝来。いずれも長い歳月を経て日本化する。安土・桃山のころにキリスト教とその聖歌が伝わるが、その後禁制となり「地下」にもぐる。長崎県・生月島の「おらしょ」を聴いてみると、これは日本化というよりも日本ナマリと化した聖歌、という感があり、あらためて土着の音感、語感の根強さを想わされる。

明治となって洋楽が到来。それから現在までざっと140年。このわずかな期間に私たちはヨーロッパ400年の音楽史をそっくり取り入れることになる。こと音楽に限らず、日本人の吸収・消化能力はスゴイ。あらゆるジャンルでそのことは証明されて

2009.6.13

演歌の不思議

▼「仏教、声明」に始まって最後の「万葉を演歌調で」まで、我ながら強引な運びで、面白いというかアキレルというか、いやはやである。

ついこの間《万葉・恋の譜I》というメゾ・ソプラノと二十五絃箏による歌曲を発表したところだが、とてもじゃないが演歌調などでは書けなかった。曲頭に雄略天皇の作とされている「籠《こ》もよ　み籠《こ》持《も》ち……」（これは口説き歌、

いる。

さて、洋楽が日本の音楽に与えた影響は計り知れないほど大きいが、その中で僕が常々面白いなぁ、と思っているのが演歌なのです。

そこでは日本の伝統的な歌の旋律（民謡、小唄ほか）と洋楽の音階、和声法、拍節法が見事なまでに一つのものに結びついている。融合と言っても決して大げさじゃない。今ここに演歌のスコアがあるとすると、その譜面上のほとんどすべての要素を西洋の音楽用語で分析できるのです。驚くべきことではないか、と思うのだが実は誰も驚かない。なんの違和感もなく演歌を聴いたり歌ったりしている。まさに「融合」なんですね。

ここで大きな働きをしているのが言葉、つまり詞ではないかと思う。いかにも日本的な情緒――良く

求婚歌である）を選んだのだが、なにかしら厳かで明るい歌になってしまった。

古語と現代人である自分との間の距離を、演歌調やポップス調で埋めるのは難しかった、ということなのだろう。古代のおおらかなエロスを現代の〝音〟でつかまえるのはなかなかに難しいのである。

も悪くもだけど——の詞とメロディが結び合い、それが洋楽の語法の中に溶け込み、僕たちの中に溶け込み、僕たちの内に宿っているセンチメントを揺さぶってくる。

では詞だけを読むとどうか。ある年末、僕は紅白も見たい、ヴァイオリンのお稽古もしたい、というわけで紅白を消音で観ていた。歌詞がインポーズされる。ヴァイオリンを弾きながら読む。すると詞の中身は「会えない」だの「別れ」だの、「うらみ」やら「つらみ」やらがやたらと多い。なんだか情けないような気持になりました。

が、音の力はスゴイ。消音を切り換えて聴いてみるとそこには歌の「リアリティ」が出現するではありませんか。歌って不思議ですね。

そして気が付いた。そうか、日本人の大好きな

「会えない」やら「別れ」やらは、そのまま真っ直ぐに万葉の愛の歌につながっているのではないか。うーむ、ならばいっそ万葉を演歌調で作曲してみようかな。「♪わが〜いもは〜」。意外とイケルかもしれないぞ。と本気で思い始めている自分がコワイ(笑)。

心の表出に徹する3人

3人の忘れられない声がある。ジェシー・ノーマン、エディタ・グルベローヴァ、キャスリーン・バトル、いずれも女性の歌い手さん。

ノーマンがアンコールに応えて歌った日本古謡の《さくら》、もう素晴らしいとしか言いようがない。しかも伴奏なしで、ですよ。いったい誰がこんなに美しい《さくら》を聴かせてくれたろうか。グルベローヴァの伸びやかで真っ直ぐな声と完璧な歌唱と演技。これはウィーン国立歌劇場での《ランメルモールのルチア》の「狂乱の場」。そしてバトルの歌う山田耕筰歌曲。声量で聴かせるのではない。心憎いばかりの、まるで日本語がすっかり解《わか》っているかのようなニュアンスの出し方、歌い回し。心に沁

2009.7.11

歌は原点

▼子どものころの僕、たぶん幼稚園に通い始めた頃。お天気が良ければ外で遊んでいるにきまってるんだから、たぶん雨降りの日だろう。蓄音機で童謡のレコードをかけて歌いながら踊っている。これが自分に関する「最古」の記憶の一つである。作曲家ニイミの原点。ま、情けないけどこんなもの、「幼少の折より体ごと音楽スルのが好きであった」とでもまとめておきま

みとおってくる声。しかも彼女の声はピアノの響きと見事なまでに溶け合っている。

ただでさえ涙もろいのにこんな声・歌を聴かせられたら僕はもう涙ポロポロ。骨の髄までしっかりやられました。歌っていいなぁ、つくづくそう思ったのでした。

音楽の原点は歌にある、とよく言われるが、そのとおりだろう。ヴァイオリンもピアノも管楽器も、皆「歌う」ことが基本にある。「歌わない」器楽なんてメカニックでつまらない。いわゆるヴィルトゥオジティ(名人芸)はそれなりにスゴイ、と思うけど、それだけでは心の奥深くには入ってこない。音楽はサーカスではないのである(とはいうものの実は僕は名人芸大好き人間デス。痛快そのものですから)。

さて「歌うこと」、つまり言うところの歌心はだしょう。

人に聴かせるにはなんらかの「ウマさ」が必要だが、自分で歌って楽しむのに「ウマさ」はいらない。カラオケで大いに楽しんでいただきたいと思う。趣味が昂じればピアノ伴奏でシューベルト、なんてのもカッコいいね。歌うのは心にも体にも佳いのである。

れにでもあるのです。が、これをどのように表出するかが意外と難しいのです。何故だろうか。

　これは自分の感じていることをどのように話し、伝えるのか、その難しさと共通するものがあるように思う。この場合は言葉の選び方、話す時の抑揚、文脈のまとめ方等、つまりはテクニックに関わってくる部分が少なくない。日ごろから何をどのように言ったら自分の真意がなるべくそのままに伝わるのかを考えておく必要がある。

　同じように「歌うこと」に必要なのはまず、どのフレーズをどのように感じているのかを自らよく見極めなければならない。その上で音色、抑揚、フレーズのまとめ方を考え、工夫しなければならない。これもテクニックと言ってよいだろう。先に記した3人の歌手はそのことに熟達した名人である。地の

ままに歌い、演奏し、感動を生む人がいるかもしれないが、それは稀有なこと。プロの道は厳しいとつくづく思うのである。

不器用なセロ弾きとは

ヴァイオリンに比べるとチェロは難しい楽器だと僕は思う（もちろんチェリストにとってはヴァイオリンの方が難しいのです）。姿勢こそラクだけど左手の運指（指の使い方）が大変なのである。それぞれの弦の下の方では半音ですら間隔が広い。これで速いパッセージを弾くなんてスゴイ、と素人ヴァイオリニストとしてはそれだけで感心してしまう。

弦の上の方は音程幅は狭くなるのだけれど、弦と指板の間が広がっていくのできちんと押さえ込むのにかなりの指の力が必要になる。

それに、これは見りゃすぐわかることですが、指板の長さがヴァイオリンの3倍ぐらいある。これが何を意味するかというと、左手は縦横無尽に活躍で

2009.8.8

ゴーシュの意味

▼「ゴーシュ＝gauche」は「左の」であることが判明したが、左利きの人で左手で弓を持つ人がいるのだろうか。チェロでもヴァイオリンでもポップスではあり得るかもしれないが、クラシックではあり得ないと思われる。

オーケストラの弦楽セクションは二人単位（プルトという）になっているので、右弓の人と左弓の人が並んだらとんでもないことになる。奇

きなくちゃいけない、ということなのです。

ご存じ宮澤賢治の『セロ弾きのゴーシュ』、主人公はチェロを弾くのにえらい苦労をする。これはおそらくチェロを弾いた賢治の分身だろうけれど、なかなかに不器用な様である。賢治さんもチェロをヴァイオリンに持ち替えて、妹のトシさんとヴァイオリン二重奏曲をもくろんだほうが良かった（？）かもしれません。

時に、このゴーシュという名前について僕は恥ずかしながら何も考えたことがなかった。

ゴーシュはgaucheだったんですね。つまりフランス語で「左の」を意味する言葉。これがやがて英語になり、転じて「不器用な」「ぶざまな」の意味で使われることになったのだそうだ。『英語で読み解く賢治の世界』（岩波書店）の一部に著者のロ

妙な光景にお客さんは笑いが止まらない、ってなことになりそう。

ほのぼの系の漫画で左弓のチェリストが登場するのを見たことがある。なんでそうなったのかナゾですね。自分を鏡に写してデッサン!?　まさか。

ジャー・パルバースさんが記しておられる（この本はとても良く書けていて、日本語と英語を比べ読みするとイメージも理解も大いに深まる、そんなオススメ本です）。

そうだったのかぁ、知らないというのはオソロシイことですね。そういえば僕たちのまわりには訳の分からないカタカナ名があふれかえっている。たとえば車の名前。僕が乗り継いできた車はスバルのインプレッサ、レガシィ、フォレスター、それにフォルクスワーゲンのトゥアレグ。何となくわかるような気がするだけできちんと調べたことがない。ま、僕にとっては車は雪の山道をきちんと走ってくれて、そこそこにスピードが出て荷物も積めればそれで良い、というものなので名前の由来なんかどうでもいい、と思っちゃうのですね。

でもこれからはなんであれ、知らないカタカナ名はいつでも調べる、そんなクセを身に付けなければと思いつつ、「僕はヴァイオリン弾きのゴーシュです」とほくそ笑みつつ思う。カッコイイ開き直り、と受け取ってもらいたいなぁ。

栃木県立鹿沼高校管弦楽部！　実にステキな子どもたちにこの夏出会ったのでした。

僕がこれまでに作曲した管弦楽曲は二十数曲。その中でアマチュアが演奏できそうなのはただ一曲、《森は踊る》という管弦楽組曲なのです。これを定期演奏会でやるから振ってほしい、と言われた時は正直面くらいました。「一体どうなるの？」と疑問符が自分の中で飛び交う。もともと高校生が演奏するのは想定外だったのです。

けれども現場に行ったら子どもたちはやる気満々。僕はすっかりその気になったのでした。音は狂う、はずれる、抜ける、それにもめげず指導していくと次第に格好がついてくるではありませんか。

一緒なら最高の幸福感

2009.9.12

オーケストラと合唱

▼オケ＋合唱、その最たるものは日本では《第９》でしょう。ヨーロッパではめったに演奏しないとのこと。日本の年末年始の「第９現象」は世界でも珍しいらしい。

２０１４年の夏、浜松国際栄少年音楽祭の音楽監督をお引き受けし、合同曲の作曲をすることになった。世界中から集まった計６００人近くの子どもたちや大学生、そして１００人の浜松ジュニア・

そして本番。なかなかの出来栄えでした。全員が一丸となって僕の棒についてくる。僕は僕で「もっと行こうぜ」とか、「最高に佳い響きで」とか指示を出す。みんなできる限りそれに応えてくれたのでした。

アマチュアの音楽は実に佳い。かく言う僕もアマチュア・コーラスの歌い手だったけれど、そこには打算もなにもなく只《ただ》ひたすら佳いものを求める精神だけがある。

一方プロはどうかというと、それはそれで厳しい世界なのである。熱血や熱情だけでは許してもらえない、ひたすらに佳い音、そして佳い音楽をしなければならない。大変だけれども。僕もプロに対しては全く容赦しない。できて当たり前なんだから。

一つ面白いことがある。オーケストラと合唱ではオーケストラの合同演奏。これはすごいものになった。

ステージ上の700人が一丸となって《サルヴェ・レジーナ》に燃えた。作曲家冥利、指揮者冥利に尽きる出来事でした。

こんな場が世界中で次々に生まれたら、世界はもっと平和になる、そう信じたい気持ちになった。

棒（指揮）を見る目つきが違うのです。オケの場合は楽器という道具を扱いつつ、パート譜を見つつ、そのスキに指揮者を見る。座って弾くのだから当然上目遣いになる。弾いていない時間も結構ある。その時には休みの小節数を勘定しなきゃいけない。だから冷静さも必要。というわけでどうしてもウォッチしている雰囲気が漂ってくるのですね。

一方合唱は練習十分であれば暗譜で歌うことになる。すると手に持っているものは何もない。「楽器」は体の中にある。となると、もうなにか全身でこちらに向かってくる、そんな感じになるのです。度が過ぎることもたびたびあり、そんなときには「皆さん、お客さんに向かって歌いましょう」と注意したりもする。

事の良し悪しではなく、オケと合唱には「温度差」というものがある。別な言い方をすれば熱くなる、そのなり方、見え方に違いがあるのです。ではオケと合唱が一緒になったら？　そう、もう最高に楽しいですね。いろんな温度、波長、色彩、それらが渦巻く真っ只中にいる幸福。ひょっとして、ではなく作曲家より指揮者のほうがずーっと「おいしい」仕事、と思われてくるのです。

10年計画で準備するぞ

つい先日、久しぶりに宇宙物理学者の佐治晴夫さんにお会いする機会を得た。ＮＡＳＡの飛ばした宇宙ロケットにバッハの音源を積んでいくよう提案し、それが実行された、というほどの音楽好きでいらっしゃる。自身オルガンを弾いたりもされる。現在は鈴鹿短期大学で学長をされている。

前回は東京で開かれたフォーラムでお会いし、福岡出身のピアニスト、伊藤京子さんと共に宇宙、音楽について語り合ったのをとても楽しく思い出す。たしか、山口の童謡詩人、金子みすゞのことなども話題になった。

今回はプライヴェートな会食ということも手伝ってか、とんでもなく面白いお話を伺った。なんとポ

2009.10.10

ポルシェで300キロ

▼たった7年前の自分なのに随分と前向きで殊勝な結び。カラ元気かもしれないな(笑)。

ただしスピードに刺激されたのは確か。３００キロとはいかないが僕もスピード大好きで２１０キロまでは出したことがある。どこで？　ってナイショです。

佐治先生のお話をうかがったあと、ポルシェを運転する機会があった。エンジンの音

ルシェのエンジンの音楽性、ブレーキングの官能的な素晴らしさ、そして時速300キロでしか味わえない空間感覚、というお話。

「えっ、先生、200キロの間違いではありませんか」と思わず訊《き》き返したりしたのだった。以下は酔っ払いのうろ覚えだが、富士スピードウェイあたりでコーチの指導を受けつつ300キロの世界に入られたとのことと記憶している。

うーむ、エンジン音、ブレーキングの官能性、300キロねぇ、僕の頭の中はあっという間にこの3点で一杯になり、早速翌日には中古輸入車の情報誌を買い込む始末。新車には当然手が出ませんからね。

車は実用に供するもので、用がたりればそれで良いのだ、と僕は自らに言い聞かせてきたのだが、尊

楽性、ブレーキングの官能性までは体感できたが、時速300キロの空間感覚は味わっていない。

たしか『グランプリ』という映画でF1レーサーたちが300キロの空間のことを語り合うシーンがあったと思う。

一度でいいから自分の運転で300キロを体験してみたい。他人《ヒト》の運転はイヤですよ。だってコワイもの。

敬する宇宙物理学者からかくもポエティックにスポーツカーの歓《よろこ》びを語られるともうダメですね。押さえつけておいた蓋《ふた》がポッカンと開いてしまった。

さてさて、300キロに向かって今すぐにでも「走り出したい」のだが、現実はそうもいかない。財布の中身は乏しいし、時間は仕事で目一杯。いいでしょう、ポルシェは逃げていかない。10年がかりで準備する。ま、これが今のところの結論ですね。

脚力、腹筋、動体視力を鍛えておこう。動体視力が鍛えられるものかどうかよくわからないが、訓練するのは意味があるにちがいない。我々音楽家は「動音聴力」と言ったら良いのか、相当に速くて細かい音の運動を耳で正確にキャッチするよう訓練されている。たとえば1秒に12個ぐらいの音が通り過ぎていっても、その様子をかなり正確に耳で「観察」できるのである。

よしと、これで僕のテニスのモチヴェーションが二重になった。健康維持と300キロの準備。テニスはボレー合戦ともなればかなりの反射神経が必要で、動体視力にもプラスになるのではないか、などなど。

時間は作るもの、とは達人たちの言。僕もとりあえずは今取り組んでいる作品に大集中して時間密度を上げてみよう。その結果についてはいずれ御報告します。ただし自信は今イチ。

人間を狼男へと変える

宇宙からの大隕石が地球に衝突し、その破片が飛び散って月ができた、との説が有力であるようだ。であるならば、私たち人間が地球の分身である月を「恋い慕う」のもむべなるかな、と思われてくる。

月はしみじみと美しい。三日月、半月、十三夜、十五夜……さまざまな名で日本人は月を愛《め》でてきた。そして月が詠み込まれた詩句は数限りなくあり、少なからぬ名歌が残されている。それらを敢えてここに記す必要はないが、僕はここに周知ではない歌を一つ加えたい。

「夜が くばる やさしさの便り／あおい鐘が 鳴りはじめたら／火の山のふもと ナルコユリ吹く／ささやかな風に 吹かれて ひとりで／月の ひかり 縄ば

2009.11.14

月の不思議

▼男声合唱のための《月に詠ふ》という組曲を書いた（2014年1月11日初演）。芭蕉の句で月にかかわるものだけをテキストに選んだ。かなりの数がある。その中にただならぬ気配の句がある。

夜《よ》ル窃《ひそか》ニ虫は月下の栗を穿《うが》ツ

というものだ。

深夜、月光のもとの栗の実に虫が穴をあけていく。いったいこれは「見た」のか「想

しごでおりる／指を ひらく 影法師よ ねむれ」
なんとうるわしく、情愛に満ちた光景だろうか。月のひかりに浮かぶ母子の姿と影が静かな時間の流れの中にたちあらわれる。実はこれは僕が作曲したメロディに谷川雁が詞を付けてくれて〈火の山の子守歌〉（《白いうた 青いうた》全53曲のうちの一曲）となったその詞である。僕の作ったメロディは悪くない、と勝手に自負しているけれど、やはり言葉・詞（詩）の力はスゴイ。メロディという一つの抽象が、イメージ豊かな具象へとここで転じるのである。言葉と音とが一体になった時、１＋１＝２ではない別の世界がそこにあらわれる、その神秘を雁さんとの連作で味わい続けたのだった。

時に赤い月、とくに満月の時にそれを見ることがありますね。なんとも不気味な、不吉な感じがする。

像した」のか。

実はこの句が詠まれたころ、芭蕉は甥と妾《めかけ》（実質的な妻）と暮らしていた。が、甥と妾は密通し、駆け落ちをした、という説があるらしい。そう知って読むと「月下の栗を穿ツ」は芭蕉の心情につきささるものが感じられてくる。凄さと不気味さ！

たぶん空気中のチリの作用によるのだろうけど（?です）、その感覚はヨーロッパにもあるようで、アルバン・ベルク作曲のオペラ《ヴォツェック》にも赤い月は不吉、そしてその夜、主人公ヴォツェックが浮気をした妻を殺すシーンがあるのです。

洋の東西を問わず、とは言えないと思うけれど、一体なぜ赤い月を不吉なものと感ずるのだろうか。不思議ですね。それは血の色ともかかわっていることに違いないでしょうが。

この7月に亡くなった指揮者の若杉弘さんが「僕は一種の狼男なのよ。満月の夜はテンションが高くてすっごいオシャベリになるの」と語っておられたのを懐かしく思い出す。

そう、人間も地球上のあらゆる生物も、太陽と月との関係の中で暮らしてきたのだからその影響を被らないわけはありませんね。

えっ、僕？　実は僕も「狼男」です。満月の時にはやたら飲む、しゃべる！　けれど満月と同じく、地球にもっとも強く引力の働く新月の時もそうなるかというとそれが違うのですね。これも不思議。

楽器に潜む未知の「歌」

「ヴァイオリン協奏曲はアルバン・ベルクでオシマイ」と僕の学生時代、仲間内でよく囁《ささや》かれていたものだ。その理由は、一つにはベルクのそれが止《とど》めを刺すような傑作であること、もう一つには協奏曲などといった大時代的な様式はもう終わるんじゃないか、と学生の中でも気の早い連中が憶測していたことにあるように思われる。

ところがどっこい、その後も協奏曲はどんどん書かれ続け、かくいう僕もピアノ協奏曲を二つ、そして先日もヴァイオリン協奏曲第2番《スピラ・ヴィターリス》を発表したところである。副題はラテン語で「生命の螺旋」といった意味。そのことについて少し記すことにする。

協奏曲に思う

2009.12.12

▼協奏曲が始まる時のあの空間、ドキドキ感、なかなかに良いものですね。

オケがスタン・バイしている。独奏者が指揮者を従えるように登場してくる。独奏者がお辞儀する。指揮者は後に佇んでワキ役に徹している。あくまでも主役は独奏者ですよ、という姿勢なのである。

無事終了すると指揮者は観客と共に独奏者を讃え拍手を贈る。あなたの素晴らしさ

銀河それ自体も渦巻きという螺旋であるが、私たちの地球の自転や公転も宇宙座標からすれば決してもとの位置にもどることはなく、したがって螺旋状の運動をしているのである。ということは、この地上のあらゆる生命体は螺旋状の時間を生きていることになる。さらに、この曲は僕が勝手に名付けた「螺旋形式」で作られている。展開的変奏曲というものがあるとしたら、それに近いのかもしれない。螺旋上の時間と螺旋形式、副題はこのことを刻印しておくために必要だった。

　さて、この地上のあらゆる生命体はそれぞれに独立した生を営んでいるが、同時に調和を保っている。その見事な「造形」は神さまの仕業としか思われない。蓼科であれどこであれ、大自然のただ中を歩き巡るたびにそのことを、そして人間もその中に生か

に！ってことだが、実は「合わせもの」は結構ムツカシイのである。ピタリと合えば良いかというと、人によってはそれを嫌う人もいる。オケと少しズラして弾きたいからピタリと付けないでくれ、というのである。いやはや、僕は指揮者じゃなくて良かったと思うのである。

されている幸福を想わないことがない。

「それぞれの生の営み」は僕の中で「群の対位法」という考え方を結んだ。「線」ではなく「音群」の対位法だ。先に記した大自然の在り方、そして時には荒々しいほどのエネルギーの奔出をそっくり音楽の中に取り込みたい、近年の僕はそう願って作曲を続けている。

30分を要した第2番は独奏者の渡辺玲子さんのおかげでこの上ない素晴らしい初演（２００９年11月27日、仙台市青年文化センターコンサートホール。演奏・仙台フィル、指揮・梅田俊明）となった。巫女《みこ》さながらの音楽そのものと化した彼女の演奏から立ち上る一つひとつの音はどれもが輝く生命体だった。

ヴァイオリンという優美な、しかしとても素朴な楽器の中にまだまだ未知の「歌」が限りなく潜んでいるように思われてくる。と記した瞬間、そうだ、同じようにチェロやフルートやトランペット……、それぞれの楽器に「歌が」との想いが広がる。そうか、「歌」を聴き取れるうちは書くことにオシマイはない、と心深くに思われてくる。

9月に混声合唱とピアノによる《火垂《ほた》るの墓《はか》》を発表した。ご存知、野坂昭如さんの名作を車木容子さんが合唱用に書き直してくれたものをテキストとした。戦争と戦災孤児の悲惨に涙しながら作曲した。このような不条理を二度と生んではならないと強く思った。その思いが年末に発表した27分のチェロ・ソナタにつながっていった。

が、そのわずか3ヶ月後に起こった大地震とそれが生み出した不条理についてはもちろん予感すらなかった。

ただそれらの作曲を通じて、「人間の肉体・精神の不幸」というものに自分なりに向き合うのだった。子どもたちを「節子と清太」にしてはならないと念じている。

2010年

行き詰まったら温泉

ワーカホリックという言葉が誕生してもう久しい。働き虫なんていやだねぇと笑っていたのだけれど、実は自分もとっくに働き虫だったのである。なにせ暇さえあれば（?）作曲している。昨年11月には3週間のうちに初演曲が4つもあって、つまりはそれだけ書き続けたわけで、12月に入ったら身も心もグッタリである。

グッタリの原因はもう一つ、一日の疲れを飲み飛ばそうというやり方にある。これは精神の解放には良いのだが、同時に肝臓をはじめ内蔵全体に負担をかけることになる。頭はハッピーになっていくが、その間にボディブローを受け続けているのである。こんなことが体にいいわけはない。

2010.1.9

空の器にアイディア

▼ワーカホリックを「仕事中毒」と訳すのがイヤで「働き虫」と記した。「中毒」のほうはとうに使われなくなっている（今は「依存症」）。

アメリカ的雇用・資本主義に日本はすっかり蝕《むしば》まれて、今や幸せな「労働者」は、いわゆる「勝ち組」の人たちだけかもしれない。この言葉の語感も嫌いです。その根底には「金の有無が価値観の全て」という思想が横たわって

このグッタリを救ってくれたのがカミさんのマッサージ（これはほとんどセミ・プロのレヴェル。元手がかかっている、とは本人の弁）。そして温泉である。

温泉っていいですねぇ！　なんてったって気分が良い。が、ある時気がついた。温泉の良さとはそれだけじゃない、大地の滋養分をいただいていることにあるのだと。地球の血流たるマグマに熱せられ、地中のさまざまな養分を含んだ水が湧き上がってくる。それにどっぷりとつかるのだからこれはもう申し分ない。ゆったりとつかっていると、その滋養分が腹ワタに沁み込んでくるのが良くわかる。というわけでこの年末年始は温泉三昧《ざんまい》と相なった。

僕の仕事小屋がある蓼科は温泉地でもある。毎日行けばいいじゃないの、と思うのだけどそこは根っからの貧乏性。時間がもったいないのである。ピア

いる。

作曲家、音楽学者、音楽批評家――ものを書く人たち――は秀れた文明批評家であるべき、と思っていたが、昨今は書く場が失くなったのであろうか、その種の言説を聞く機会が少ない。「言論統制」がそこまで迫っているのか。政治に対し真正面から発言できないのか。

言うべきことを言えない社会がどのように進んでいくのか、想像するのもおそろしい。

ノと机の前にへばりついていたいワケ。ドンと仕事をしてプファーと温泉につかる、なかなかそんな具合にはいかないのですね。ほんとうにシンドクなって初めて温泉通いとなるのです。実は今日も温泉行きをサボって（?）しまった。

良い考え、アイディアは3つのものの上で得られるという古来からの言葉がある。鞍《あん》（馬）上、厠《し》上、枕《ちん》上。確かにその通り。人間誰しも良い考え、アイディアを得たいとキリキリ頭を絞るでしょ？　でも、たいがいその時には出てこないものです。仕方がないので一度あきらめる。すると体がリラックスする。それに良いのが先に記した3つのものの上。そしてもうどうでもいいやと思った瞬間、佳きものが体の中に入ってくる。言うなれば、自らを「空の器」にした時にそれはやって来るのです。

その3つに僕は温泉を加えたい。湯につかった時のフニュニューの時に僕は天からの声を何回も聴いているのです。行き詰まったら温泉！　なんと安易な、けれどもこれは絶対におススメですよ。

魂の歓びか肩の安楽か

なにをかくそう、実は僕、歯ぎしリストなのである。ヴァイオリニストやピアニストは世に有用な存在であるが、こればっかりは何の役にも立たない。夜な夜な奏でるうちにいつしか右や左の奥歯がすり減るやらグラグラし始めるやら。おかげで寝る時はマウスピースのお世話になっている。こんなものはボクサーの専売特許かと思っていたら、いつの間にか作曲家もマウスピースでファイト！　なのだ。相手はさしずめ悪夢か⁉

そこで歯ぎしりはどこからくるのか考えてみた。どうやら「天賦の才」などではなく肩こりであると目を付けた。試しに整体の専門家でもある友人に徹底的に肩をほぐしてもらうとなんとその夜、歯ぎし

2010.2.6 ヴァイオリン弾きの悩み

▼《ゴルトベルク変奏曲》は言うまでもなく素晴らしい。あのグレン・グールドが生涯2回も録音した気持ちが良くわかる。

ピアノで弾くのはなかなかに大変なことが身に沁みてわかり、今ハマっているのはその弦楽三重奏版である。僕はヴァイオリン、あとはヴィオラとチェロの学生を見つけてつき合ってもらう。楽しいこと限りなし。

りは退散した。翌朝の歯の状態でそのことがよくわかるのである。では肩こりはどこからくるのか。僕は怠け作曲の名人（?）なのでそれ以外の原因を考えると、あったのですね。楽器です。ピアノはまだしも、ヴァイオリンが良くない。ヴァイオリンを弾く姿を想像してみて下さい。名人たちは皆カッコイイ。美しいとすら思う。が、どう考えてもあの姿勢は不自然ですよ。肩がこって当然と思われてくる。

理論的には脱力できれば大丈夫と言われているが、果たしてそうなのか。学生からプロ中のプロまで、会う人ごとに片っ端から「肩こりしない？」って訊いてみたらほぼ全員の答えがイエスなのである。うーむ、これはどうやら職業病。完璧な脱力などあり得ない、ということの証しではないか。ハイフェッツやオイストラフにも訊いてみたかったなぁ。

弦楽三重奏以外にも弦楽合奏版、管楽五重奏版、ギター二重奏版……《ゴルトベルク》は人気絶頂だ。さだめしバッハ先生は天国で「佳い曲でしょ!?」と得意になっておられることでしょう。

先生の《平均律クラヴィーア曲集Ⅰ&Ⅱ》他多数、それらは現代に生きる僕たち音楽家の「バイブル」なのです。

「こんな素晴らしい楽器を弾かせてもらうのだから肩こりくらい当然だ」って返ってくる、チガウかな。

さて、体を使うこと全てに脱力は基本。楽器はもちろん、テニスやゴルフ他のスポーツ、書くこと、そして聴くことにすら脱力が必要。と、わかっちゃいるのだけどこれがなかなか難しい。人は「より良く」とか「よりうまく」とか思う時ほど力が入るものなんです。完全脱力への道は険しい。

この齢になってバッハの《ゴルトベルク変奏曲》にハマってしまいました。弾けそうな所から優先順位をつけて、とつとつとピアノを弾いている。弾くほどに音楽の深い歓びが魂を揺るがす。この歓びを味わえるのは多少なりともピアノを練習したおかげです。なんて言ってるうちはいいんだけれど、弾きにくいところにくると（実は弾きにくいところだらけ）あっという間に肩がキュキュキュ。アブナイ、アブナイ。

魂の歓びか肩の安楽か、あなたならどっちをとりますか？

2010.3.6

万物は螺旋

佳きつながりを大事に

一昨年（2008年）の暮れ、ピアノ三重奏曲《ルクス・ソレムニス》なる曲を発表した。書き進めていく途中で、これは一体どんな形式になるのか、と見当がつかなかった。僕は音の命ずるままに書いているのでこんなことがよくある。そして、どうやらこれは螺旋状に展開されているなと気づき、これを「螺旋形式」と名づけることにした。

この1月、我が桐朋学園大学院大学（富山市）でコンサートがあり、その中で同僚の藤原浜雄（ヴァイオリン）、岩崎洸（チェロ）、若林顕（ピアノ）のお三方がこの曲を再演してくださった。おかげで佳き場が生まれたと思う。演奏に先だって「宇宙は螺旋だ、渦巻き銀河も地球の運動も、もちろんこの地上

▼「螺旋形式」とはこれまた佳き銘命ナリ、としばらく悦に入っていた。が、ふと気が付いた。音楽の基盤は音階だが、その音階こそ螺旋状にできているではないか。例えばドレミファソラシドを螺旋階段を上がっていくようなものだ。一回りで2階へ、二回りして3階へ……。

変奏曲はあきらかに螺旋状。第1テーマと第2テーマを持つソナタ形式は特殊な二重螺

のあらゆるものが、そしてこの曲も螺旋なのです」というお話をした。すると演奏会後のパーティーで地元の歯科医の先生が僕のところにいらして「解剖学の三木成夫先生を御存知か」と問われる。さあ、ちょっとわかりません、とお答えしたところ、「三木先生こそ宇宙の螺旋について語られた方だ」というわけで、僕はその2週間後、三木先生の『生命形態学序説』（うぶすな書院）なる書を受け取った。ゲーテ以来の人類の螺旋についての認識のほか、さまざまな生命事象が説き明かされている。

読み進むうちにふと経歴を見たら、昭和48年より東京芸術大学教授とある。僕の入学は昭和46年。「あーッ、あの先生だ。僕が3年生のころ、保健管理センターでエルンスト・トッホの『旋律学』やクラーゲスの哲学のことを紹介してくださったあの先旋といえないか。「循環する」ものはどこかしら螺旋につながっていくのである。

本文中に記した「宇宙の本質は波動と螺旋である」は今なお自分の実感である。

形式の意識を追いやって作曲する、という試みをやっているが、いつしか螺旋にからめとられることになるのだろうか。

生!!」。興奮したなぁ、全く忘れていた37年前の出来事。記憶が、それこそ螺旋のようにグルグルと回り出した。

宇宙の本質は波動と螺旋である、と勝手な自説を繰り広げてきたと思っていたのだが、実は正しかったのですね。いつの間にかいろいろなところで学んでいたのだ。

いやぁ、人のつながりは実に面白い。思えばこの連載だって、担当者の螺旋状のつながりの中で成り立っているのだ。

そろそろ卒業の季節。大学院では修了という。修了する学生たちに僕はいつも次のような言葉を贈ることにしている。

「人とのつながりを大事にしなさい。佳きつながりは佳き輪を、悪しきつながりは悪しき輪を作る」と。

より佳き螺旋の中で自らの生命を燃焼させていくことができれば、その人の生がより佳きものとなるのは確かではないだろうか。

え、僕？　新作オケ曲の悪しき螺旋から抜け出そうともがいているところです。もう神さまに祈るしかない（笑）。いつものことですが。

合唱・吹奏楽熱

2010.4.3

競争至上主義が心配だ

アマチュアの音楽活動の中で最も盛んなのは合唱、と思っていたら「今や吹奏楽のほうが盛んですよ、とくに中学・高校では」と某君が教えてくれた。実数を調べたわけではないので何とも言えないが、そのとおりかもしれない。

その某君は吹奏楽の専門家で、つい先日、各楽器の音域についてレクチュアを受けたところだ。なかなかに面白くて、たとえば、楽器法の音域表を信じてはいけません、学年ごとに可能音域が違うのです、というものだった。なるほど、始めたばかりの1年生と〝ベテラン〟の3年生とでは大ちがい！　いろいろとナットクでした。実は来年の吹奏楽コンクールの課題曲を作曲することになっていて、かような

▼僕の『合唱っていいな！』って本が上梓された（2015年7月／洪水企画）。合唱指揮者や作曲家、詩人との対談、そして僕が作曲や指揮について考えたことなどで構成されている。この「合唱」のところは何にだって入れ替えられるわけで、いずれ『吹奏楽っていいな！』をやってみるか（笑）、などと思ったりもする。

さて、某月某日、大学教育学部の合唱が専門の先生が吹

レクチュアを受けたのだった。

今のところ僕の吹奏楽曲は《水の嬉遊曲》というものがただ1曲。故石丸寛さん（指揮者、作曲家）の御指名により東京・墨田区で始まったコンサート『5000人の第九』の前座曲として作曲したものだ。約30年前のこと。作曲依頼に際し石丸さんは次のようにおっしゃった。「ニイミ君、これまでの吹奏楽曲はサウンドがもやもやしてていけない。オーケストラの管打楽器部を書くつもりでやってください」。

願ったりの注文で、僕は大いに張りきった。ところがフタをあけてみると、中学3校合同の編成はフルートが30余人、クラリネットが40人近く、対してオーボエは2人、小太鼓のパートを3人でたたく……およそスッキリしたアンサンブルとはほど遠い

奏楽団に発声の指導にいらっしゃると言う。いわく「発声が良くなると楽器の音もきれいになる」と。なるほど、管楽器も息の楽器であるから、どのように息を使うのかが基本なのであろう。吹奏楽と合唱、どちらのサウンドも息に直結しているのである。そしてこの呼吸によってこそ、私たちは宇宙に向かって「開いている」のである。

編成なのである。案の定の結果をお聴きになって石丸さん曰《いわ》く「なんかサウンドがモワーッとしているねぇ」。

こんなこともあった。ヴァイオリンの超絶技巧曲《ツィゴイネルワイゼン》（サラサーテ作曲）の独奏パートをヴァイオリン全員で弾くように編曲してくれ、という注文をいただいた。頭の中が「?」でいっぱいになったがともかくやってみた。結果は予想を上回る惨タンたる有り様。そして石丸さん曰く「やっぱりムリなんだねぇ」。

石丸さんは駆けだしの僕をかわいがって下さったのかイジメてくださったのか（笑）。ま、いずれにせよ貴重な経験をさせてもらったのは確かだ。

さて、中学・高校の合唱や吹奏楽の隆盛、大いに結構だと思う。僕も高校で合唱にのめり込んだ者の一人だ。が、心配なことが一つ、コンクールでの競争至上主義がはびこりつつあるのだ。その結果としての「燃え尽き症候群」。高校であんなに頑張ったし、金賞もとったし、大学へ行ったら音楽以外のサークルに入ろう。これでは淋しいなぁ。音楽の目標は金賞なんかじゃない！　そのことを現場でキッチリ伝えていただきたいと願わずにはいられないのである。

童心が跳びはねる

オペラシティ・アートギャラリー（東京）の猪熊弦一郎展にふらりと出かけてみた。会場は自宅から歩いて30分ほどの距離なので散歩がてら行けるのだ。あるわ、あるわ、愉快な絵がいっぱい！　9×9＝81のマス目に百面相ならぬ八十一面相――ところどころに空白のマスがあり、これが休符みたいでオカシイ――とか、鳥やら猫やらもいろんなカタチや色で描かれていて楽しく、思わずウフフ、心の中でホクホクと暖かくなってくる。嬉しさのあまりショップで猪熊グッズをドッサリ買い込んだのだった。

氏の絵には童心があふれていて、それが僕の中の童心と響き合うんだなあ、と会場を後にして気づい

2010.5.1

先達の教え

▼猪熊弦一郎画伯の愉快作品に触れて嬉しそうな作文をものしたが、「楽しい現代音楽」に到達するのは易しいことではない。とくにあの3・11以降はどうしても「主題」が重くなるのだった。その流れの中で一昨年（2014年）ものした《ラ・ヴァルスF》は久しぶりの愉快・痛快の作品となった。サクソフォーンの名手、須川展也さんのおかげでもある。

た。ウマヘタというのかヘタウマというのかわからないけれど、それら造形の全ては生きることの達人の技と見えた。

いくつかの猪熊語録も展示された年譜の中に記されてあった。「カタチを写すのではなく理解して画《えが》くこと」、「人に良く見てもらおうとしてはいけない。自分の思うままに画くこと」など。僕流に変形しちゃったかもしれないけれど、これらは作曲にも通ずることで、大事なことを先達から教わった思いがした。

時に、童心とは自然にあらわれなきゃならない、と思う。意図的であったら品格が下がる。ヘタしたら嫌みにすらなる。が、ジャンルはなんであれ、作り手は成熟を目指す。その過程で童心をそぎ落としていくことになりはしないか。

被災地の方々に救いの手を伸べる、などはとても自分にできることではない。せめてとことん楽しい音楽を作曲し、聴いていただけたらと願ったのだった。NHK-FMで放送されたが、聴いてくださった方はいかほどだったろうか。いずれ東北で上演できる日が来るだろう。

そこで僕は「大師匠」たるベートーヴェン先生の《第9》のことをふと想った。この曲こそ成熟・円熟の極みと言っても誰も反対しないだろう。つい先日（4月9日）、《第9》の「前座曲」たる《シンフォニア2010》を発表した。そのおかげでナマの《第9》を久しぶりに楽しみ、記憶も新たなのである。

第4楽章、大いに盛り上がった後の静寂の中から、ブン・ブンとファゴットなどの低音がとぎれとぎれに鳴り始める。マーチの開始部分である。指揮者も楽団も大マジメなんだけれど、初めて聴く人には「オヤ、なんだかオカシなことが始まりそう」と感じられることだろう。実際、僕はこの部分をユーモラスにすら感じる。これこそベートーヴェンの茶目っ気、つまりは童心のあらわれではないだろうか。

そういえば《田園》のスケルツォなんかにもいたるところ童心が跳びはねている。

現代音楽はシリアスでなければならないと思い込んでる人たちがいる。このジャンルを「閉じた」ものにしているのはそうした思い込みかもしれない。人は人、自分は自分、猪熊さんの「思うまま画く」を地で行きたいなぁ。僕にとって作曲するのは楽しくてたまらないことなのだ。もっともっと貪欲に楽しんでやるぞ〜ッ！　楽しむぞ宣言でした。

傑作ボレロ

2010.6.5

奏でられる多様な魅力

M・ラヴェル作曲《ボレロ》、僕の大好きな曲の一つである。この曲の魅力を煎《せん》じつめれば、磨き抜かれた2種の旋律とボレロのリズム、この執拗なくり返しが生み出す魔力である。ささやくように、そしてリズミカルに始まる冒頭に耳をすますうちに、人はいつの間にか《ボレロ》の世界に取り込まれてしまう。旋律が一段落するたびに2小節のリズムだけの、いわば次の開始を待つ「準備期間」。これも実に良い。ドキドキしますね。

やがて最高潮に達したあげくの転調。これでもう完全に「向こう側」に持っていかれ、そして元の調に戻ると音の狂乱の渦。劇的なエンディング。ユニーク極まりない大傑作である。

▼ラヴェルの《ボレロ》、この曲の発想はどこから来たのだろうか。「A」と「B」の2種の旋律が延々と繰り返される構成は相当の度胸と目算がなければ作曲できない代物なのである。まことに見事なリアライゼーションというほかない。ことあるごとに言っているのだが、「ラヴェルの他の作品が全て滅ぶようなことがあっても《ボレロ》だけは不滅である」と。それほど

さて、この曲は完全にテンポ・ジュスト、つまり最初から最後まで同じ速度で演奏されなければならない。テンポが揺れるようでは、着々と積み上げられることから生まれる魔力が台なしになってしまう。ところが先日、往年の大家、シャルル・ミュンシュ指揮の《ボレロ》を聴いてみたら、なんと微妙にテンポが揺れている！　しかもクライマックスでは明らかに速くなっている。これは意図的なんだろうか。あるいは音楽の力がそうさせてしまうのだろうか。なかなかに興味深いことではある。

30年近く前に『愛と哀しみのボレロ』という映画を観た。回想的シーンの最後に《ボレロ》がかすかに聞こえてくる。オヤと思う間もなくシーンはエッフェル塔を背にした特設ステージに移り、男のダンサーがソロで《ボレロ》を踊っている。音量はもちに磨き抜かれた傑作なのです。

時に「史上最悪のボレロ」というものがYouTubeに載っていて、これには抱腹絶倒。是非御覧あれ！　デュトワ先生のシブイ顔。まことにお気の毒です。

ろんアップ。なぜかこの瞬間に泣けちゃうんですね。見知らぬ場所で旧友に出会ったような、懐かしくも愛おしい感覚。そして心に染み込んでくる名曲。

もう一つ大泣きした映画が『戦場のピアニスト』。ナチスから逃れ、廃屋に隠れ棲《す》んでいた主人公のピアニストがナチスの将校に見つかってしまう。将校はなにか弾いてみろと命ずる。瓦礫《がれき》と化した街の片隅の廃屋の中でショパンの《バラード第1番》が奏で始められる。3列ほど後の御婦人が人目（耳？）もはばからずオイオイと泣きしきる。もうたまりませんワ。

この曲のウラディミール・ホロヴィッツのカムバック・リサイタルでの演奏は超ド級で、とりわけ最後の部分では髪が逆立つような感動を覚える。だからといって泣いたりはしませんよ。純粋に音楽的な感動、その究《きわ》みなのです。

音楽には不思議な力がある。その時々の演奏、自分自身の状況で聴こえ方が違ってくるし、今記したように映画や芝居で使われると、その音楽が予期しなかったものと結びつき、「別物」となるのである。

そう、先の映画『ボレロ』の振りつけはモーリス・ベジャール、踊り手はジョルジュ・ドン。素晴らしく躍動的な振り、踊りであったのを思い出した。

つながりが輪となって

林英哲さんは和太鼓の名手。このジャンルの第一人者である。僕の《風神・雷神》も彼のための作品といってよく、これまで国内外でオーケストラ版を10回以上演奏してくださっている。数年前の福岡での演奏を覚えている方もいらっしゃるかもしれない。

オルガンと太鼓のみの版もあり、ある時、そのリハーサルが横浜であった。そのあと、どこかで食事しようということになり、中華街に出かけた。英哲さんは何にでも興味がある人で、歩きながらあちらの店こちらの店と顔をつっこむ。うしろからその姿、歩きぶりを見ていたら、おっ、なんということか、あのスターの歩き方の朴訥《ぼくとつ》なこと！　ステージとは大違い。思わず真宗の門徒（失礼）という言葉が浮

2010.7.3

緑の不思議

▼「義」という文字は「我」が「羊」を背負っている。この羊は古代中国の部族にとって神に捧げる大切な犠《いけに》えである。したがってこの羊に粗相があってはならない。重大な責任がある、ということ。今道友信先生の教えである。

義援金という言葉がある。正しくは義捐金と書く。「義をもって捐《す》てる金」と司馬遼太郎の著作から学んだ。なるほど、「援ずる」ではなく

かんだ。そういえば英哲さんはお寺さんの息子であった。

かくいう僕も実家が真宗であるので、自動的に門徒ということになるかもしれない。僕の歩き方？目をつぶってください。

10年ほど前、真宗大谷派の大学から宗旨にかかわりのある内容で混声合唱を、との委嘱をいただいた。打ち合わせの席で「祈りの音楽を書きましょう」と申し上げたら、関西出身のご住職が「うんにゃ、真宗は祈ったらあきまへんにゃ。他力本願でおます」。これにはマイッタ。結局親鸞上人御作の浄土和讃により《無量寿如来》という組曲ができ上がった。

さて、この作品をご存知のうえかどうか、大谷派「御本体」から来年（2011年）の上人750回御遠忌のための音楽法要を作曲しなさいとご依頼いた

「捐てる」、その金はもともと自分のものではなかったのだという感覚。この言葉の背後には武士道があったのかもしれない。

言葉遣いは正格かつ正確であらねばならぬと思う。「誠実に」というならその根拠を示すべきではなかろうか、と政治家の答弁を聞きながらしばしば思うのである。

だいた。これは大変なことになったぞ、と思いつつ、自らの最良のものをお供えしたいと頑張った。その成果をお知りになりたい方は、是非※来年の4月、京都の東本願寺にお出かけください。

そういえば昨年は広島の西本願寺系の合唱団のために《金子みすゞの八つのうた》を作曲。来年も同じく名古屋の西本願寺系の女声合唱から委嘱をいただいている。真宗専属作曲家の如し？

バッハ＝プロテスタントはスゴイが、真宗＝ニイミはいかがなものか、と言われそうですね。でも僕にも音楽を通した宗教心があり、自分の中の佳きものが尊い言葉たちと結びついて音となって顕《あらわ》れてくるのだと思っている。

ご縁とは実に不思議なものだ。一つひとつのつながりが次々に拡がってゆき、やがて大きな輪となる。その輪の中につながる一人の人間として、一音楽家として常により佳きものを探し求めていかねばならない。この、人々と自分にとっての責任のことを古代中国では「義」といった、とは哲学の今道友信先生の教えである。いやはや、学ぶべきことは実に多い。学（楽）も成り難しの心境です。

※この4月に予定された音楽法要初演は3月11日の震災により延期されたのでした。

虚子の縁

2010.8.7

不思議な御縁というほかないのだが、2年ほど前に浄土真宗大谷派より親鸞聖人750周年大遠忌の音楽法要作曲の御依頼を受けた。なんで僕に？　と思ったのだが、以前、聖人の「浄土和讃」による混声合唱団の作曲・出版があり、たぶんそのこともあったのだろう。だとしたらまさしく仏縁である。

　このほどその作曲が完成し、宗務総長の安原晃さんと対談することになった。安原さんは俳人でもあり、『ホトトギス』同人会長でいらっしゃる。俳句の師匠は高浜虚子とのこと。オヤ、ここにもまた御縁が浮かび上がるのである。

　僕の東京芸大入学時の音楽学部長、池内友次郎先生は知る人ぞ知る虚子の御子息。そしてその弟子筋

▼ずいぶんと乱暴に生きてきたので、これまで「死んだって不思議じゃない」って事故が少なくとも3回あった。いずれも酒酔い絡み。たぶん自分はそんな風に死ぬのだろう、と思っている。病院のベッドで半年寝たまま、ってよりは良いのでは？

　ともあれ、父母《ちちはは》より先に往く親不孝は避けられたので、この先はどう生きたって、どう死んだって自由である（笑）。

の三善晃、野田暉行両先生が僕の直接の師匠なので、いわば僕は池内先生の孫弟子。というわけで虚子を発端に一つの「輪」ができあがったのである。ほんとうに縁というものは不思議です。

さて、安原総長はとても気さくな方で、宗教、生死、俳句などについて軽やか闊達《かったつ》にお話になる。未熟者の僕なぞ大いに勉強させていただいた。その中で虚子の型破りの句を教えていただき、まことに興味深かった。「明易《あけやす》や 花鳥諷詠 南無阿弥陀」というものである。明易とは夏至のころの短い夜＝早い夜明け、すなわち「早く目覚めよ、花鳥諷詠＝大自然と共にあることに、南無阿弥陀＝人を生かしてくれている阿弥陀仏に」と僕には思われてならない。天籟《てんらい》に想いを馳せ、地籟《ちらい》に耳を傾け、人籟《じんらい》たる音楽を成そうとする僕にとって大きな励みを与えてくれ

自死を選んだ画家、鴨井玲の展覧会を観て帰った直後なので「死」について思うのである。が、自死を選んだ作曲家は、僕の知るところでは精神に異常をきたしたシューマンのみである。なぜか。我々は音の中に生きていて、その音はあまりにも美しく、自死を許してくれない。絶望しきれない絶望の中に生きていくしかないのである。

る句なのです。

ヒト、コト、モノとの出会いはかくのごとく面白い。そしてありがたい。ここで悟って、僕も毎日「南無阿弥陀仏」を唱えればもう少しましな者になれるかもしれないのにこれが俗人の浅はかさ。音楽とお酒に明け暮れてしまうのです。ま、音楽は僕にとって宗教のようなもので、日々ミューズの神に捧げものをしているのだから許されよ、というのは勝手な方便かしら。

安原総長が対談の終わり近くに「音楽法要の作曲中に御父様を亡くされたこと……」とお話しくださった時、それまで僕は父の死の悲しみ・さびしさを封じ込めていたのに、その扉をスッと開けられたような気がして、思わず胸に込みあげるものがあった。おそらくどなたかが「こんなこともおありだったのですよ」と総長の耳にささやいてくださったのでしょう。でもそのことにさりげなく、しかし思いやり深く触れてくださった総長のお心遣いに痛み入った。宗教に身を捧げておられる方の気高い人徳に接し、心洗われる思いがしたのでした。

「オレは縄文神道」とか勝手なことを言っている身ですが、そろそろ考え直す時期に至ったのかもしれませんね。

指揮者1

2010.9.4

最初の一振りでわかる

私事で恐縮だが、つい先ごろ『新実徳英の作曲入門』（音楽之友社）という本が出版の運びとなった。タイトルに著者名が入っているのがなんだか面はゆいが、ま、これは編集部の提案に従ったまで。

内容はバッハからラヴェルまでの名旋律の分析や学生の作ったメロディの添削、それと自作管弦楽の背景について語るといったもの。で、とどのつまりは「作曲って教えられないのよね、古今の作品から大いに学んでちょうだい、それらすべてが作曲法の先生なんだ」ということで、僕としては作曲とはなにかについて、その一部を誰でも読めるスタイルで紹介したかったのである。

ところが、ここに『指揮者の奥義』（春秋社）なる

▼指揮という仕事はやはり不思議です。自分ではなにも音を出さず、手を振り体を揺らすだけ。こんなことで音楽が伝わるのか？

そう、伝わるのです。しかるべく「発信」すれば、しかるべく「受信」されるのです。ただし「発信」が高度であればあるほど「受信」の性能にも高度さが要求されます。

世界的に優秀なオーケストラは指揮者の余計な動き、1

本があって、帯に「指揮は教えられる！」とある。そうか、指揮は教えられるんだ！　原本の出版は１９２９年、著者は歴史的指揮者ヘルマン・シェルヘン。ちなみにこの翻訳本が出たのは２００７年（福田達夫訳）。

早速読み始めると実に細かく、かつ本質的な事柄が多岐にわたって記されていて、なるほど、こういった勉強を積み重ねていけばちゃんとした指揮ができるんだと思われてくる。が、この「思われてくる」のがくせ者で、指揮ができるのと指揮者になれるとの間には実はとんでもない壁が立ちはだかっている。自分では一音も発しない演奏家が指揮者としてあり続けるのには、やはり天性の何かが必要なのであり、やっかいなことにそれが何であるかを説明することがほとんどできないのである。

センチのブレにも反応することでしょう。それほどに「鋭敏」なのです。

指揮者の最初の一振りは次に始まるべきフレーズのテンポ、強弱、音色、表情などを余すところなく伝えるものでなければならないのです。いや〜、大変です。

往年の名指揮者、山田一雄（和男）先生のことを思い出す。先生の指揮はとにかくよくわからない。時には何拍目を振っておられるのかすらわからない。だったらいないほうが良いようなもンだがそれが違うのですね。そこに立っているだけでヤマカズ（愛称、ただし面と向かってそう呼んだ人はいないでしょう）ならではの「音楽の場」ができてしまっていて、もう棒がわかってもわからなくてもヤマカズと心中するほかない（笑）、という心境になる、なんとも摩訶不思議な存在だったのです。ちなみに先生は絵画、詩句、そして作曲もなかなかの達人で、これが摩訶不思議のバックボーンにあるのは確かだと思われる。

指揮者についてR・シュトラウスの父（オーケストラのホルン奏者）の名言がある。次のようなものだったと記憶している。「最初の一振りですべてがわかる。従うのが我々であるのか指揮者のほうであるのかが！」。ね、コワイでしょ。一見カッコ良さそうな指揮者の一挙手一投足の背後にあるものを楽団員は冷徹に見抜いているのである。

そう、僕も数年前に九州交響楽団を振ったのでした。下手くそな棒で注文ばかりウルサイ最悪の指揮者。でもこれは自作指揮だから許されたのである。でもね、指揮はやみつきになるのです。せいぜい「奥義」を勉強することにしよう。

音楽教育

2010.10.2

先日、「日本音楽教育学会」が埼玉大学教育学部で開催された。幼稚園・小学校から大学・大学院までの先生方の、音楽教育に関するさまざまな方向からの研究発表などが2日間にわたっておこなわれる大規模なもの。ざっと数えてみると研究発表だけで百を超える。もちろんそれらは分科会のように分かれていて並行して進められていくわけだが、それにしてもスゴイ数だ。これだけ熱心な先生方が全国から参集される状況を見ると、我が国の音楽教育、それを支える人材もなかなかのもんじゃないか、と思われてくる。

残念ながら受験教育偏重のあおりを食って小・中学校での音楽の時間は減らされる一方だ。芸術教科

▼「小・中学校での音楽の時間が減らされる一方」と記したが、昨今は国立大学の文系を削ると文科省あたりが言い出している。この省のお役の方々の多数が文系出身と推察されるのだが、思うに皆さん方、自分の受けた学問は役に立たないとお考えなのだろうか。

文系といえば法学、政治、経済、文学……、これらが直接生産性の増大、経済力の上

を軽んずると20年後にどんなツケが回ってくるか想像するだに恐ろしい。

　さて、この学会で「感動と理解」と題するシンポジウムがあり、僕は美学者の小穴晶子さんと共に招かれ、レクチュア兼対談のようなことをやってきたワケだ。現場の先生方はどうしてもハウ・トゥーを求めがちなので、ここは一つ、「美や芸術は必要なのか」「音楽とは何であるのか」を根源に立ち返って考える場が必要である、との主催側の思惑があったのだろう。もともと結論なぞはありゃしない。二人ともそれぞれの思いを、時に共鳴し合いつつ、時にズレたりしながらしゃべり合う楽しい2時間だった。

　実はこの手のおしゃべり（トークと言った方がカッコイイか）、僕は大好きなんですね。自分の考えを人

昇につながるとは思えない。だが、いいではないか。学問というものは長いスパンで捉えて、文化の向上、社会の熟成に資すれば良いのである。

　間違った政治を選択した私たちの「自業自得」ということにならないよう願うばかりである。

　２０１５年7月16日、11の「戦争法案」が強行採択された。民主主義が遠のいていく。

に伝える歓びがあり、かつ自分の考えを整理することもできる。加えて今回のような場合には対談相手からのリアクションも得られる。参加者の誰よりも自分のためになっちゃうのです。

そういえば哲学者の今道友信先生（小穴さんの東大時代の師）との対談も楽しかった。大先輩とお話しするのはなかなかに気を遣うものだが、哲学と作曲という「遠くて近い」距離感が幸いして、いろいろなお話ができた。たとえば、高校生のころのドビュッシー体験を「ピアノのための《前奏曲集Ⅰ》を1ヶ月間毎日聴いたらやっと腑に落ちた」とお話しすると、「知性と感性は磨き合うのですね」とのお言葉がかえってきた。今日この場に来て良かったな、としみじみ思ったりしたのだった。

ほんとうのところ知性と感性は一つのものだ（僕が出会ってきた優れた方々は皆、両者の佳きバランスの持ち主だった）。今道先生はもちろんそのことを踏まえた上で先のようにおっしゃったのだ。ここに音楽教育の問題点がある。世間では情操教育と捉えがちだがそうではない。音楽は記憶力を前提とし、知性と感性のバランスで成り立ち、その背景には宗教・哲学・神学、そして世界観、宇宙観がある。

ある時、音楽好きの子どもたちを励ますのに「勉強ばかりしてると馬鹿になるからね」と思わず口走っちゃった僕は正しい⁉

2010.11.6

マリンバ

親しみやすさ求めて

マリンバといえば「ああ、アレ、NHKの料理番組のテーマ曲の楽器」と思われる方も少なくないだろう。ほのぼのとした柔らかな音色で料理番組にピッタリ。音楽も佳い。シンセサイザーの草分け的存在である冨田勲氏によるもので、もう数十年にわたって使われているはずだ。だって僕が大学生の時にはもう知っていたのだから。

マリンバと僕の「出会い」、つまり作曲家としてこの楽器と向き合うことになったのは大学院1年生の時、打楽器科のY・A君による。弾くべき曲が少ないので是非書いてくれと頼まれ、おそるおそる取り組むことにした。というのは、この楽器の柔らかな音色は悪くないのだが、それゆえ、なんだかカス

▼日本で接することのできる楽器で、自分にとって未知の楽器はほとんどないような気がする。一方、知っているけど使ったことのない楽器はたくさんある。たとえばバス・フルートとかオーボエ・ダモーレなんて書いてみたいと思っているのだが、チャンスがない。自らの不徳のせいか（笑）。「聴いたこともない音楽」を我々は作ろうとしているのだが、それは可能なこと。が、

テラのような歯ごたえで、はたして現代曲の表現要求に耐えられるかどうか不安だったのである。

ところが書き始めてみたらなかなかに面白い。曲はスルスルと書けてしまい、すぐに試奏、そののち初演の運びとなった。たしか学内での初演だったと思うのだが、その成果に大いに満足した。

これでマリンバにハマった。以降、独奏曲をもう一つ、マリンバ・デュオと打楽器、マリンバと弦楽四重奏と続くことになった。食わず嫌いとはこのことか、と反省もしたのだが、印象=直感にはそういう落とし穴もあって、気がつかないうちにその穴に落ち込んでいた、ってことがあるんですね。

さて、マリンバはもともとラテン・パーカッションであり、したがってクラシックの作品がない。現代曲が主要なレパートリーとなる由縁である。ここ「聴いたこともない音色」はなかなかに難しい。シンセサイザーの登場以降、あらゆる音色が試みられたからである。

オーケストラの楽器群の組合わせによる「融合音色」にはまだ少なからぬ可能性が残されている。そんなことのためにオーケストラを使って良いのか、と自問自答するが、やはり未知の響きは作曲家にとって「夢の音」なのです（マリンバ曲はその後《エチュード》を書き、現在はマリンバ・オーケストラの曲を作曲中です）。ここで大活躍されたのがマリンビスト・安倍圭子さんで、彼女の委嘱活動で生まれた作品はおそらく何十曲というレヴェルに達することだろう。

　また安倍さんは世界中で演奏を続けてこられ、マリンビストで安倍さんの名前を知らない人はモグリ!?　といっていいかもしれないほど。先に記した僕の最初の独奏曲は《マリンバのために I》というものであるが、ありがたいことにこれが安倍さんのレパートリーとなり世界中で弾いてくださった。それで僕の曲もつとに知られることになり、これまでヨーロッパで3種のCDがリリースされているほどである。演奏家の力はほんとに大きい。

　マリンバを使った最新作はヴァイオリンとのデュオ曲で3曲からなる《舞踏組曲》。昨年ヴァイオリン協奏曲第2番の素晴らしい演奏をしてくださった渡辺玲子さんが、「マリンバとのデュオを探しているんだけど見つからないの」とおっしゃる。僕も知らない。では書いてしまえばよい、とばかりに作曲してプレゼントした。このデュオは僕にとって未知の組み合わせで、親しみやすい形の中に新たな可能性を探ったのでした。実は初演はこの7日。ワクワク、ドキドキ。親しみやすいはずなのに親しまれなかったらどうしよう？　作曲家の悩みは尽きないのです。

鎮魂の譜

2010.12.4

悲しみの涙は大切だ

『火垂《ほた》るの墓』といえば今やどなたもご存知かもしれない。アニメを観たという方も少なからずいらっしゃるだろう。僕はこの名作を大学生の頃に読んで、胸がしめつけられるような哀しさ切なさを味わったのをよく覚えている。野坂昭如さんの淡々とした語り口がその感動をより際立ったものにしている。主人公のセイタ、妹のセツコの二人が戦災孤児から浮浪児へと身をやつし、助けてくれる人は誰もなく、やがて栄養失調がもとで二人とも死んでいく。

　彼らもまた戦争の被害者であり、たくさんのセイタ・セツコがいたに違いなく、そのことを想うと心底つらいものがある。

　さて、神戸市役所センター合唱団という「うたご

▼戦争孤児、ほんとうに憐れです。彼らに国はなにかできたでしょうか。『火垂るの墓』に書かれたとおりですね。戦争はたくさんの野たれ死にする人間を作り出してきたのです。あなたはその一人になりたいですか？　いやでしょ？　誰だっていやなのです。

　イラクへ自衛隊がいきましたね。誰か政府高官がそこへ乗り込んだでしょうか。僕の知る限り誰もいません。みん

え系」の合唱団があるのですね。そこから昨秋作曲委嘱の話が舞い込んだ。もう10年来のつき合いである。「中身は？」と聞くと、なんと『火垂るの墓』を合唱曲にしたい、というのである。

「えーっ⁉」というのが僕の最初の反応。まさか自分が作曲者としてこの作品に向き合うことになるとは、その日その時まで想像すらしなかった。内容はシビアだし、作曲スケジュールもきついし……などど悩んだのは一瞬、作品の魅力にあらがいがたく、気がついたら引き受けてしまっていた。

　とまあ、そこまではよかったのですが、そのあとが大変。作詞を担当される車木容子さん、団の皆さんに詞の方向性などを提案し諒解していただく。やがて詞が1篇ずつ届く。時には作曲プランに沿うようにそれらをエディットし作曲に取りかかる。


なコワイのです。臆病なのです。自分がカワイイのです。安全な後方支援なんかない！　だったらそんな法律を作らなきゃ良いでしょう!!　この文を書きつつ怒りがこみ上げてきます。

　高官諸君、政権担当者諸君、是非「安全な」後方支援地にお出かけください。安全なのですから、ついでに観光もされてきてはいかがでしょうか

《火垂るの墓》の楽譜出版が小説の管理出版社の意向でかなわなかったのはつくづく残念であった）。

車木さんの詞は野坂さんの淡々とは逆に激越といってよいほどのもので、これは御自身の戦争体験の怨念が込められているに違いない、と僕は思った。御本人に確かめるとまさにそのとおりで、作曲を進めるにつれこのテキストで書き続けるのが逃げ出したくなるほどつらくなっていった。大変なことを引き受けちゃったんだ、と後悔の念。

そんな時、ふと次のような思いが頭をよぎった。

「そうか誰かが鎮魂の譜をセイタとセツコのために歌ってあげなくてはいけない。それが僕の務めなのだ」と。なんとか、つらさを乗り越え、やがて《混声合唱とピアノのための「火垂るの墓」》は完成し、この11月、神戸で初演された。

初演会場のあちらこちらから嗚咽《おえつ》が聞こえてくる。作曲した当人もついには涙をこらえきれない。かわいそうな子どもたち。残酷な大人たち。なんともならない社会状況。

音楽を聴いて悲しみの涙を流すなんてイヤですね。できれば歓びの涙でありたい。でもこういったことも大切なんだと思う。戦争に対して音楽は無力かもしれないが、こんなことが二度とあってはならない、その意思を皆で共有する時間こそが貴重なのではなかろうか。

作曲しつつ、また初演を聴きつつ、できることなら時を遡りセイタとセツコを抱きしめてやりたい、そのような思いがつのるのだった。

2月に弦楽四重奏曲第2番を書き始めた。生命体の細胞の一つひとつが緻密につながり、かつ飛躍が含まれているようなものを作りたいと願った。作曲はそのように進み、3月10日に完成。さて第2楽章は？ と思案しつつ、翌日ある歌曲コンクールの審査に出かけ、その帰りの総武線の車内で地震にあった。

揺れが5分近く続いたであろうか。その後、水道橋の駅から飛び出し、タクシーに乗り、まっすぐに自宅へ。途中、3、4回の余震。帰りついてすぐにテレビをつける。信じられないような光景が次から次へと映しだされる。悪夢だと思いたかった。

その翌日、原発事故。ウソのコメント……。テレビをつけっ放しで、畏れ・怒り・悲しみの中で第2楽章、第3楽章を書き続けた。その時の自分にはそれ以外にやるべきことが見つからなかった。阿修羅となって書き続ける、その想いを副題にAsuraとして残すことにしたのだった。

2011年

時間を超えた歓び

昨年1年間、ずいぶんあちこち飛び回ったように思う。北から並べ上げてみると、富良野、秋田、福島、松本、富山、名古屋、京都、大阪、神戸、下関、武雄、鹿児島など。ところが手帳をチェックしてみるとホテル泊はわずか1ヶ月分、あとは富山に2ヶ月、蓼科の山小屋に3ヶ月、残る半年が東京の自宅。富山は桐朋の大学院大学の都合で借りているマンションなので、つまりは自宅。なんてことはない、純然たる「外泊」はわずか1ヶ月で、飛び回ったというほどのことでもない。が、移動日がかなりの数になるのでそんな印象になるのだと納得した次第。

どこにいようと何をしていようと時間は飛ぶように過ぎていく。時間ってものは実に不思議で、この

2011.1.8

刻まれた音

▼芭蕉の『おくのほそ道』により二つの歌曲集、その合唱版を作ることとなり、このほど全て（計4冊）が出版されることとなった（音楽之友社）。

さて、芭蕉はなかなかの「策士＝創作家」なのである。その時々の興にのった名句を刻んできた、だけではないことが『おくのほそ道』を読むとよくわかる。

創作の真実は「虚実の皮膜」にあるという芭蕉先生の

宇宙が始まって以来137億年の間、止まることもなければ戻ることもない。芭蕉の『おくのおそ道』の冒頭、「月日は百代《はくたい》の過客《かかく》にして、行《ゆき》かふ年も又旅人也」は実に言い得て妙、と改めて思ったりもする。ついでに言えば、この「道」は老子の説く「道可道、非常道」につながるように思うのだが、これは僕の考え違いかもしれない。

　締め切りに追われていると「時間よ止まれ！」と叫びたくなることも多々あるが、それはSF小説の中だけで可能なこと（昔、そんなテレビドラマがありましたネ）。「時間は作るものである」という箴言《しんげん》もあるようなので、ここは一つ大いに反省し、万事周到に構えることにしよう。できるかな⁉

　僕たちが聴いたり弾いたりする音楽は大なり小なり全てが過去の音楽である。初演曲はその数日前に

お言葉はイミシン……つまり、有体に言えばウソがマコトになる瞬間、ではないか。「荒波や佐渡に横たふ天の河」。荒れた日本海の七夕の夜に天の河なんぞは見えないのである。「う〜む、やられました」ですな。

　作曲家がやっていることもこれに近いかもしれません。

でき上がったとしても（これはヒドイけどあるんですね）、数週間前だとしても、今まさに然るべく形を現すわけで、これは「現在」の音楽である。

さて、ざっと500年くらい前からの音楽を僕たちは繰り返し聴いていることになるが、その頻度が最も高いのはロマン派の音楽だろう。この大みそかの晩、「積んどく本」ならぬ「積んどくDVD」の中で以前から気になっていた『クララ・シューマン愛の協奏曲』を観た。シューマン夫人クララとシューマン、若き日のブラームスを巡る愛の葛藤を描いているが、シューマンが作曲中の曲から1850年ごろのこととわかる。であれば今から160年前のこと。それが近いのか遠いのか、いずれにせよシューマンもブラームスも音楽史的には「大過去」の偉人である（劇中、この二人が連弾するシーンがあってグッと来たのでした）。

時は過ぎゆく。人も生まれ、そして過ぎゆく。時間は止まることなく流れ続ける。残された作品と歴史の中を僕たちは往き来しつつ、今を生きていく。音楽の一音一音に刻まれた、その「時間」の語るものに耳をすます、想いを馳せる、これもまた「旅」の楽しみの一つであろう。そのつど甦る音楽という生命体から受け取る歓び、これは「時間を超える」ことでもあるのです。

自分の歓びを伝える

うちのカミさんが4年ほど前から声楽を習い始めた。師匠は日本歌曲の第一人者といわれる青山恵子さん。どうやら「本気」らしく足繁くレッスンに通っている。そうこうするうちに「私の夢はリサイタル」とのたまうではないか。声には出さねど僕は一瞬「ギョッ！」。いいねェ、とか生返事で放っておいたらアレヨアレヨと話は進んで、ついにこの2週間ほど前にリサイタルは開かれ、無事終了とあいなった。わが連れ合いながらなかなかの実行力と度胸で舌を巻いた次第。普段は役立たずの亭主も日本名歌の箏《そう》二面へのアレンジやら自作歌曲のピアノ伴奏やら、家族サービス!? の日々を送ったのでありました。

2011.2.12

音楽の原点

▼「表現が感動に結びつく」、このことに方程式はあるのだろうか。

たとえばオーケストラである。演奏会ごとに次から次へと首席、常任はもとより客演指揮者が登場する。曲目はほとんど泰西名曲ばかりなのに、ここまでやらないとお客さんが来ない？ 成功しない？ ということなのでしょうか。オケのお客さんは「スレてる」のかしらん。

表現することは誰にとっても歓びであり、なかでも歌はその最たるものかもしれない。88歳の母親の介護のストレスと闘いながら、歌に力をもらっての精一杯の表現は130人（すべて彼女の友人・知人）で満席のホールに響きわたり、なにがしかの感動が伝わったようだった。次々と感想がメールで送られてくる。なかでも「還暦を超えての初リサイタル、素晴らしかった。大きな力をもらいました。私も諦めかけていたことにもう一度チャレンジします」という内容のものがいくつもあり、僕はこのことに感動した。音楽・歌によって人が人に「力」を伝えることができた。しかも一介の素人歌手が。音楽の原点、とはちょっと大げさかな。でもそこに立ち返った思いがしたのだった。

僕が時々ふらっと顔を出す風変わりなレストラン

いつも「私」しかいない独奏者、独唱者たちは大変！「私」と「企画」とでファンをつかむしかない。

いずれにせよ感動があって次回が成立する。これはプロもアマも同じ。感動の方程式に代入すべきパラメーターはなんでしょう。企画、努力、水準、そして……？

（本文中の「風変わりなレストラン」はやがて《つぶてソング》の録音撮影現場となる白龍館。残念ながら廃業となりました）

がある。ガウディもどきのインテリア、マスターのアレンジによる中華料理、そしてなんと、ベーゼンドルファーのフルコンのピアノが置いてある。つい先日も夜の散歩の途中でその店に寄ると、今日は貸し切りですという。じゃあこの柱の陰でちょっと一杯ね、と芋焼酎をチビチビやりながら観察すると、どうやらこれはピアノの会らしいということがわかった。先生格の人が3人くらい、あとはそのお弟子さんとおぼしき老若男女が20人ほど。飲み食い談笑の合間に、思いつくままに一人一人ピアノのところに来てショパンやバッハを「遊び弾き」している。なんとも微笑ましくも温かな光景である。ここにも音楽を愛する人がいるんだなあ、僕も1曲弾いて仲間に入れてもらおう、と思った時は「既に遅し」、焼酎がすっかり回っていたのでした。

人生に目的があるのかどうか僕は知らない。けれど生きるということは生命を燃焼させることに他ならないだろう。であれば誰にも「生きがい」が必要だ。どんなものであれまずは自分のために、そしてそれが自己充足に終わるのでなく自分の歓びが人に伝わっていくもの、そういったものと出会うことこそ幸福というものではないだろうか。

カミさん共々、まだリサイタルの余韻の中でホクホクしている。が、ある時気づいた。誰も僕のピアノを褒めてくれない！　すっかりカスんじゃったのね（笑）。悔シイデス。

把握と統率の奥深さ

オペラの面白さはなんといってもそこに繰り広げられる人間模様の面白さである。恋と裏切り、愛の成就・破綻、これでほとんどすべてではないだろうか。それを音楽がドラマティックに拡大する。その拡大ぶりたるや相当なもんだ。「あなたを愛している」と言うのにソプラノやテノールが最高音を駆使し、オーケストラは大音響を鳴らす。あるいは切々と弦が訴えかける。これで「愛」が伝わらないとしたら聴き手はよほど鈍感、というくらいのものである。

先日、再来日のマリインスキー・オペラ（ロシア）公演でプッチーニの《トゥーランドット》を観た。チケット、高いですね。ロシアまで行くことを

指揮者 2

2011.3.5

▼指揮についてアレコレ書いてきたし、もとよりその難しさはつくづく解っている。にもかかわらず、たびたび指揮するのは何故か。

僕はやっぱり音を出す現場が好きなのです。たとえば昨年と今年、合唱とオーケストラによる《つぶてソング》全12曲を振らせていただいた。合唱の皆さんはもとより、オケの皆さんとの出会いも実に貴重で、ここでは僕の技量の

思えば安いし、東京だし、とか、日本語の字幕が出るし、などと自らに言い訳しつつ半ばヤケクソで買うのである。

　値段に見合うかどうかはともかく、出来栄えは上々だった。トゥーランドット姫も王子カラフも、そしてなんといっても王子を慕うリュウの名唱が光った。お客さんは正直で、カーテンコールの時の拍手の量が露骨といっていいくらいに違うのに思わず笑ってしまった。なるほどね、ま、得な役柄ではある。

　そして影の主役である指揮のゲルギエフの統率は実に見事なものだった。

　さて、いちばんやってみたい職業の一つに指揮者が挙げられるという。なんといったってカッコイイ。指揮者のひと振りでオーケストラ全体が動き出すの

問題を超えて、「何を伝えるか、伝えられるか」に皆さんの気持が集中してくる。僕にできるのはその方向性をまとめて真っ直ぐ聴衆に向かうものに仕上げる、その一点に尽きる。

　佳き場が生まれた、という実感はその手応えと思って良いのでしょう！

（本文が書かれたのは２０１１・３・５。いわば「３・11」前夜。音楽って楽しいネ、というトコトン根アカの作文はこれが最後となる）

である。しかも一見簡単そうである。決められた図形どおりに「1・2・3・4」と手を振っていれば一応音楽は進行する。ところがドッコイ、実は指揮者の仕事は大変なのである。

まず、オーケストラのすべてのパートが、いつどこで、何を、どのように演奏するべきなのかを熟知していなければならない。そして音楽の流れの把握はもちろんのこと、響きのバランスの良し悪しを瞬時に判断する力も必要だ。オペラではそれに加えてイタリア語、ドイツ語、フランス語などで書かれた歌詞を理解し、かつ覚えなければならない。演出の逐一に、そして時に起こるであろう歌手のミスや遅れにも的確に反応しなければならない。「ねばならない」だらけでため息が出そうでしょ？　やはり特別な才能が必要なのである。

ここに一冊の本がある。『指揮者の奥義』（ヘルマン・シェルヘン著、福田達夫訳／春秋社）というもの。帯に「指揮は教えられる……」とあり、それで思わず買ってしまい、後悔してマス（笑）。いやもう実に細かく様々なフレーズの本質、その処理の仕方、棒の振り方などが記されている。あまりのことに僕などはここでもため息をついて、「やっぱり指揮は大変。他人《ひと》の曲は二度と振るまいぞ」と決心した次第。とはいうものの、自作を振る場合ですらきちんと準備する必要があることをこの本は教えてくれた。

やれやれ、作曲するほうがずーっと簡単かも、と思われてくるのである。

3・11の大災害

2011.4.2

ささやかを集めよう

第二次大戦以降、最大の惨事を体験することとなった。被害は拡大中であるが、はたしてこの稿が掲載される頃には希望が持てる状態になっているのかどうか。亡くなった方々のご冥福と被災地の一刻も早い復興を願わずにいられない。

戦後世代を仮に1945年以降生まれとすると、その最年長は現在66歳。今の社会、そして政界の中心にいる人たちの圧倒的多数がこの世代に含まれることになろう。僕もその一人で、この、生まれて初めての大災害を前に惑わざるを得ないのがよくわかる。僕自身も直後の3日間は茫然自失、無気力に近い状態の中にあったので政治家たちの対応の遅れもあながち非難はできない。が、責任ある地位の方々

▼震災後の作品に「A.E.」番号を付けることにした。A.E.とはAfter the Earthquake。「復興成った」と実感できるまではこの番号を付け続けると決心した。もちろん、いまだにこの番号をはずすことができない。2011年に作曲した金管五重奏曲《神はどこに》(A.E.0)の改訂版が2015年に初演され、それがA.E.50。

あれから5年以上の歳月が

には毅然とこの困難に立ち向かい、やるべきこと、できることを可能な限り実行していただきたいと期待している。

　大自然の猛威に対し人間はあまりに非力である。津波に飲み込まれていく人、家、漁船、車、道路、畑。その映像を見ながら僕は何回も心の中で悲鳴をあげた。原発の先行きが限りなく不透明だが、今のところ直接の被災者ではない自分にできることは義援金を送る以外になにかあるのだろうか。それを考えてみたいと思った。

　もうすぐ、名古屋の隣、一宮の児童合唱団の定期演奏会がある。縁あって毎年僕が1〜2ステージを指揮してきた。この演奏会は予定通りに開かれるのであるが、そのプログラムに次のような挨拶文を記した。「本日は子どもたちのこれまでの成果を発表

過ぎたが、いまだに避難生活その他で苦しんでおられる多数の方々のことを思う時、いたたまれない気持になる。

　いったい自分に何ができるのか、という悩み。僕が多少はましなピアノやヴァイオリンを弾けるのなら被災地を弾いてまわるのだが……。

　ちなみにA.E.1は弦楽四重奏曲第2番《Asura》。2月から書き始め、震災の1週間後に完成した曲である。

し、かつ自らに確認する貴重な場でありますそし
てこの場を、今回の大災害が何であり、そこから何を学ぶのか、自分にできることは何かを共に考える場にしたいと私は考えているのです」。

ミサ曲を歌ったあと黙禱《もくとう》を捧げ、子どもたちはそのままステージに残り僕とトークをする。「演奏会がこの災害の中で果たす役割って何かあると思う?」「今度のこと、どう感じてる?」そうした質問を投げかけてみようと考えている。このトーク、そして演奏会全体を通して感じたこと、考えたことが、やがて彼らの中で大きく育っていくかもしれない。

トークの最後に僕は会場に呼びかけ、子どもたちが募金箱を持って歩き回る。これは彼らの意志による。お客さんの反応に喜んだりガッカリしたりするかもしれないが、でもその体験が貴重だと思うのだ。

ささやかなことしかできないのは彼らも僕も同じ。でもそのささやかなことをやってみる。たくさんの「ささやか」が日本中、世界中から集まれば、やがてそれは大きな希望となるのではないのだろうか。

アンコールに歌う僕の《聞こえる》(岩間芳樹作詞)。「何ができるか教えてください」、そう歌い上げる子どもたちの切実な、しかし力強い歌声がこれを記している僕の耳に聞こえてくるような気がするのである。

足し算から掛け算へ

福島の詩人、和合亮一さんがTwitterで「詩の礫《つぶて》」を書き続けておられる。彼とは福島市制百周年の記念讃歌を共作し、以来、校歌を3曲、彼の詩集による混声合唱組曲《宇宙になる》を作曲してきた仲だ。

被災された方々に何を届けられるか考え続けてきた。が、義援金以外には何も思い浮かばない。やり切れない思いで自分の中がいっぱいになる。そんな時に人づてに和合さんのTwitterの話が耳に入った。「あっ、それを作曲しなきゃ！」と意を決して早速に和合さんに連絡。かなりの量なので僕が勝手にエディットすることを了解してもらい、早速3曲作り、これの自作自演を録音録画し、YouTubeに載せた。

力を結集

2011.5.7

▼《つぶてソング》計12曲は本文に記したような流れの中で作曲することとなった。ピアニストとして協力してくださったのは名田綾子さん（作曲家）、浜中康子さん（バロック・ダンス）のお二人。でき上がってすぐの録音。歌い手の僕を含めて練習時間は1曲あたりほんの数分。とにかく一刻も早く世界中の皆さんに発信したかった。西新宿の「白龍館」のマリコさんが録

題して《つぶてソング》。その後さらに3曲を追加。いずれ音楽仲間、歌仲間の集いを開き、大勢でこれらを歌い、演奏し、その録画を発信する。今はもう、被災された方々に「頑張って」と言える時ではない。僕は歌の力を借りて「気」を送りたいと願っているのだ。何の役にも立たないかもしれない。けれどもやってみる。もし一人でも二人でもこの歌を聴いて、元気をもらいました、と言ってくださるならそれで十分ではないか、そんな思いでいる。

　つい先日、東京自由大学（NPO）の主催により「シャーマニズムの未来」というテーマのシンポジウムが開かれた。副題は「見えないモノの声を聴くワザ」。日ごろから僕の作曲は「天籟を聴く」ことから始まる、などと言っているので招かれたのだろう。冒頭に麿赤児さんらによる舞踏が僕のピアノ曲、

画、YouTubeへのアップロードをしてくださった。

　とにかく突き動かされるように作曲し歌いました。結局12曲となり、現在は全12曲の合唱版（混声、女声、男声）がⅠ、Ⅱに分けて出版されている。歌うだけでも意義がある、かどうかはわからない。でも、被災地の人々にエールを送ることができるのでは、とささやかに願うのです。

マリンバ曲を使って上演された。「見えない」音楽に舞踏によって想像もしなかった「形」が与えられる。よく知っているはずの自分の曲がとても新鮮に聴こえたのは驚きだった。

震災後少なからぬ催しが自粛の名のもとに中止されている。芸術が真に精神の糧であるならこんな時にこそ、その力を発揮しなければならない。3月17日に《灰の人》を初演された磨さんはあるインタヴューに答えて「純粋な鎮魂の気持ちを自粛っていう方向で、ひょいって簡単に解決されちゃうのが面白くねえんだ」と語っておられる。まったく同感だ。

このたびの天災人災による国難を日本人は一丸となって乗り切らねばならない。僕のコメンテイターとしてのシンポジウムのまとめは「人間中心主義と自然中心主義のより佳きバランスを皆で探る時だ」というもの。言い換えれば、人間は大自然の中で生かされている、このことをはっきりと意識しなければならない、ということだ。

僕たち一人一人は限りなく微力だ。が、いろいろなジャンルの人たちがそれぞれの考え、それぞれの形でなにかをする。いつしかそれは足し算ではなく、掛け算の相乗的な大きさになるかもしれない。

いい歳こいて僕は「熱血」しているのかな？　でもいいや、できることをやってみるしかないのだ。《つぶてソング》、聴いてくださいね。

美と感動

2011.6.4

美の発見、美の体験、そしてそのことへの感動の中で僕たちは生かされている。もちろん仙人ならぬ僕たちは「飲む・食べる・寝る」抜きでは生命そのものの維持ができないのは当然。できることなら、より佳い「飲・食・寝」を心がけたいものである。

さて、美という時、そこにはすでに感動が含まれている。感動しない美があるとすればそれは美ではなく、単なるキレイなものである。

では感動とは何であるか、などと言うとなんだか哲学っぽくなって我ながらちょっとこそばゆいが、なに、哲学というものは大上段に構えたところにあるものではなく、こんなふうに身のまわりにあるのだと僕は思っている。で、簡単に言えば、感動とは

▼この作文は上出来である(笑)。感動の正体を「共振」に持ち込んだのは評価できる——もう一度(笑)——。

共振のわかり易い例。ピアノのペダルを踏んだまま内部に向かってたとえばLa＝Aの音を「あー」と歌い込む(A＝アーのシャレではありません)。するとピアノのAの弦が鳴ります。大型の音叉でも同様のことが可能です。

かように共振とは美しい現

美の持つ生命エネルギーが僕たちの中に入ってくる、そして僕たちの内なる生命エネルギーと「共振」を起こす。これが感動の正体ではないかと思うのです。いかがでしょうか。

バッハの《平均律クラヴィーア曲集》を聴く。決して派手ではない。が、そこには静謐《せいひつ》なエネルギーが充満していて、それがひたひたと伝わってくる。モーツァルトの天国的悪魔的に美しい旋律に僕たちの心は揺り動かされる。ベートーヴェンのシンフォニーの爆発はそのまま僕たちの爆発である。芸術作品はかように人間の精神・肉体と共振を引き起こし、その血肉となるのである。

時に、感動は今記したような芸術美からのみ生まれるのではない。大自然の示してくれる全ての営みの中に、ひるがえって人間のささやかな営みの中に

象だと思うのです。これは無垢なもので、◯◯法案に思惑絡みで賛同する、というような種類のことでは全くない。

美しく生きるのは誰にだって難しい。せめて美しく発想する、そのように生きていきたいと思う。

も感動がある。考えてみれば僕たちは大から小まで、数えきれぬほどの感動と共にあるのですね。すぐに忘れてしまうような小さな感動だってあるわけだ。学校教育だってこうした大小の感動を大切にしながら展開できればそれが最善ではないか。だって子どもたちが日々感動を体験するわけでしょ!? これこそが教育の原点だよね。

つい先日、富山の馴染みの飲み屋で亭主とよもやま話をしていたら、「相馬の炊き出しに行ってきたんだけど、なかなかに向こうは大変でしたよ」とさらりと言う。片道7時間、二人で運転を交代しながら行ったとのこと。大量の地の野菜、魚、米を積んで。しかも仕事を終えた夜中に出発。報道はされないが、こういう人がきっと全国にたくさんいるんだな、と彼の話を聞きながら思わず涙がにじんでしまった。

僕の《つぶてソング》の1曲より、温かいオニギリひとつの方がどんなにありがたいことか。僕の全身のエネルギーを込めた弦楽四重奏曲第2番より、一杯のミソ汁の方がどんなに心を温めることか。つくづく自分の無力を嘆くのである。

でも、と思う。一個のオニギリや一杯のミソ汁は当たり前のものにならなきゃいけないのだ。その時、芸術や音楽は本来の力を取り戻すだろう。僕はとにかく作曲し続けるしかない。それが心の糧になる日が必ず来ると信じつつ。

悲しみが優しさに溶けて

古代ギリシャの長篇叙事詩『オデュッセイア』、御存知ホメーロス作といわれている漂流譚である。そのタイトルをそのまま戴いた箏合奏曲を1983年に作曲した。主人公オデュッセウスの旅と、彼が夜毎仰いだにちがいない地中海の星々に思いを馳せた、というのがタイトリングの理由である。

沢井合箏団の委嘱によるものであるが、当時としては超難曲であり、大変苦労して初演にこぎつけた記憶がある。

その難曲がこのほど桐朋学園芸術短期大学の現役学生と卒業生たちにより演奏された。実に美事なもので、それは野坂操壽《そうじゅ》先生の指導よろしきを得たことによるものであるが、当時の苦労を思うと隔世の

歌の輪

2011.7.9

▼文化は進歩しない、が進化する。文明は進歩する。

偉大なる電気の発明・発見。そして水力発電、火力発電、そして原子力発電。この原子力発電は火力発電と同じく「お湯」を沸かして、その水蒸気でタービンを回すという仕掛け。なんだかとても「原始的」に思われてくる。これは偉大なる発明なのだろうか、進歩なのだろうか？ しかも廃棄物の行き先がない。さら

感がある。もちろん僕の知らぬところでメンバーたちは相当の練習を積んだにちがいないが。

そういえば、静岡の県立高校の箏曲部がこの曲を演奏した録音を聴かせてもらったことがあるのを思い出した。これは驚きそのものでしたね。高校生のクラブが取り組むなんて想像すらしなかったのですから。なかなかの成果でした。

技術と理解力は時を経るにつれ、直接の伝承がなくとも蓄積されていくのだろう。科学やスポーツでも同様のことが起こっている。マウスの実験で、日本のマウスが克服した迷路を、同じ時期にアメリカのマウスも克服したというレポートを読んだことがある。ましてやこちらは人間ですからね、進化進歩の度合いはマウスの比じゃありません。

東京混声合唱団の委嘱作品を集めた『合唱の領

に大事故があった時に「オレが責任を取る」と明言する人間が一人もいない。そもそも責任を取る気なんか誰も持ち合わせていないことを3・11が証明してくれた。今後も間違いなくそうなのです。原発地元の方々、どうか甘言に惑わされぬようお願いします。原発に賛成であるならば、発電所と廃棄物を引き受ける覚悟を示してほしいとも思います。

域』という、たしか5枚組のLPがかつてあった。アマチュア合唱団からすれば、どの曲もそれこそ雲の上の「領域」であり、手も足も出なかった。ところが昨今、高校生の合唱団がその中のいくつかの曲に取り組んで素晴らしい成果を出したりしている。

人間の飽くなき進化の意志はまことに心強いし、美しいものだと思う。

現在大問題となっている原発が科学の進歩の成果であったことは確かだろう。が今、僕たちは選択を迫られている。「まず利益ありき」を脱した、100年200年後の日本を見据える曇りなき無私の視座を皆が持たねばならない時だ。第4、第5の火を育む絶好の機会でもある。考え方の進化、方法の進歩を願わずにいられない。

それにしても音楽ほど歓びに満ちた、ありがたいものはないとつくづく思うのである。そのことを折あるごとに実感する。ことに歌は言葉と音とが一体になった強いメッセージを送ることができる。和合亮一さんの『詩の礫』の一節をここに紹介したい。「あなたはどこに居ますか／あなたの心は風に吹かれていますか／あなたの心は壊れていませんか／あなたの心は行き場を失っていませんか」。僕の《つぶてソング》の第1曲となった、この〈あなたはどこに〉を大勢の仲間と歌う時、悲しみが優しさに溶け込んで、互いの魂の柔らかな共感に包まれるのであった。歌の輪を広げていきたいと思う。

根源に向けて音を発する

チェリスト、堤剛先生のことを想うとき、心がほのぼのと温かな気持ちになる。先生の優しく慈愛に満ちた眼差しやお心遣いが自分の内によみがえってくるからだろう。

最初の出会いは1986年にサントリーホールが立ち上がった時、その記念コンサート・シリーズの一つに「堤剛チェロリサイタル」——全て無伴奏の現代曲ばかりという斬新なものだった——があり、僕はその演奏会に新作を書かせていただいた。《横竪《おうじゅ》》という曲だ。能のかけ声などを素材にした、序破急の構成によるもので、随所に激しい情念の噴出がある。

堤先生が1991年にだされた著書『イリノイ日

2011.8.6

作曲という仕事

▼本文中の《横竪》は「オウジュ」と読む。世阿弥の著作の中に「横《よこ》の声、竪《たて》の声」というくだりがあり、それを「横竪」と記してあった（と記憶している）。

能は素晴らしい伝統芸能であるが、この曲を作曲したころの自分はシテでもワキでもなく、大鼓方《おおかわがた》のかけ声にもっとも魅力を感じていた。実に心の奥深くに響いてくるのである。それを素材に《横竪》

記――チェロとともに』（音楽之友社）によれば、その演奏会は2月19日。僕の曲について次のように記されている。「新実徳英氏の『横竪』はいかにもがっしりとした構成の、力強い大曲である。氏の音楽に対する熱い思いがほとばしり出ているような作品で、聴く者を圧倒する」と、なんとも嬉しいお言葉をいただいている。が、これに続く次の一文を書かれたことを先生は後悔されているかもしれない。いわく「普段はもの静かな方だけに、曲の強さが余計に感じられるのだろうか」。

御著作をいただいて20年ぶりにこのくだりを読み返して、思わず「ウフフ」と声をもらしてしまった。というのは、5年前から僕は桐朋の大学院大学に奉職し、学長でいらっしゃる先生とは教授会他でたびたびお目にかかることになり、時に過激な発言、時を書き上げた。

CD（『風を聴く』／フォンテック）に入っているのは安田謙一郎さんの演奏によるもので、これはまた別な過激さが現出している。

チェロは弦楽器の中で使える音域が最も広い。『セロ弾きのゴーシュ』の賢治さんはそのこともお考えになっていたのかな!?

にお馬鹿を言っているので、「えっ、こんなヤツだっけ？」と思っていらっしゃるにちがいない。

　僕が仮面を脱いだ？　あるいは先生のお見立て違い？　どちらが真実でしょうか（笑）。

《横竪》から20年余の歳月を経た昨年の12月、新作のチェロ・ソナタを弾いていただいた（ピアノは若林顕さん）。なんとも素晴らしく、心の奥深くに届いてくる演奏だった。この演奏会に出席した他の演奏家の方々が絶賛してくださったが、それは演奏の力によるものだ、と僕は思っている。もっとも、その演奏の力を引き出したのは僕の曲かな、くらいの多少の自負を持ってはいるのだけれど。

　指揮、各種ソリスト、歌手――いろいろな方との交わりがあり、その中で作曲という仕事が成り立っている。それら演奏家の方々が全身全霊で曲の表現に立ち向かってくださる。当然、作曲家も全身全霊でなければならない。

　いろいろな音楽があっていい。僕も時に気楽に口ずさめるメロディを書いたりもする（これ、ケッコウ好きなんです）。

　が、生命《いのち》の根源に向かって音を発しようとする時、そこには生命と測り合えるような重さがなければならない。仕掛けの面白さや音響の新奇さを超えて、心の奥深くに沁みとおっていくものが！

　ちょっと気負ってますね。でも3・11以降、僕の中でその気持ちがますます強くなっていくのです。徹底的に楽しいか、根源を目指すのか、どちらか。ヌルーイものは飛んでけーっ、の心境です。

2011.9.10

歌うこと

心の震えを残していく

この9月2日、東京混声合唱団の大阪公演で僕の《宇宙になる——混声合唱とピアノのための——》が演奏され、台風の影響が危ぶまれる中、僕も聴きに出かけた。東混の演奏は外の嵐もなんのその、とても充実した素晴らしいものだった。

アンコールに《つぶてソング》から〈あなたはどこに〉をまず東混が単独で歌い、そのあとメンバーが客席に散らばって全体で大合唱。会場は熱い空気に包まれ、出かけてきて良かったとしみじみ感じ入ったのだった。

さて、《宇宙になる》は『地球頭脳詩篇』（和合亮一作／思潮社）から「ロックンロォル」「交歓」「宇宙」の3篇を選んで合唱組曲にしたもの。タイトル

▼心の震えは鈍磨し易い。起こったことの「濃さ」を時間が「薄めて」いく。時間と共に忘れていく人々を責めるべきではない。が、被災地では今なお「戦い」が続いている。復興と償いは誠実になされているのか、メディアは厳しく目を光らせ続けるべきだろう。ニュースを商売と割り切ってはならない、売れないニュースも報道する義務があるのではないか。

は「宇宙」の最初のフレーズ「僕は宇宙になってしまいそうな僕を我慢していたが、ついになってしまった」から僕が作った。この1行だけでも和合さんの詩の世界のとんでもなさが想像できるのではないだろうか。破天荒な発想とエネルギーに満ち満ちていて挑発的ですらある。解説はもはや不可能（僕には）。知らない言葉は一つもないが、日常的な意味はすっかりはぎ取られ、いわば新しい日本語に生まれかわっている。

詩が作曲され歌や合唱曲となったとき、それらは「作曲者による詩の解釈」といっていいだろう。詩の解説こそできないが、《宇宙になる》は僕の和合作品への解釈であり、また詩から触発された音が詩と融合したものであるのだ。

実は僕にとって歌の作曲より器楽の作曲のほうが「非日常」が「日常」になってしまう悲しみを人はどう想像したら良いのだろうか。そして、その悲しみの中に音楽が届くように願いたい。

少なからぬ音楽家（プロ、アマを問わず）の活動が続けられていることを励みに思っている。

ラクだ、という感覚がある。書く作業そのものは器楽の方が面倒だが（とくにオケ曲）、発想はまったく自由だし、言葉の音数や抑揚の制約がない。それでも歌や合唱を書くのは音が言葉と結びついた時、音が別な意味を持って生き始める、その不思議さに魅かれるからだろう。もっとも音楽の源は「歌」「歌うこと」にあるのだから作曲家が歌好きなのは当然のことなのかもしれない（ほとんど歌曲を残さなかったショパンさんは、声帯のかわりに指と鍵盤でたくさんの「歌」を歌ったのですね）。

和合さんの詩について付言しておきたい。『地球頭脳詩篇』などの詩集は彼の本領である。が、『詩の礫』は和合亮一そのものと言っていいのかもしれない。そこにあるのは完成品としての詩ではなく、ともかく今言わなきゃならないことを誰にもわかる言葉で書く、伝える、ということ。その本音そのものが直接に僕たちの心に訴えてくる。

どんな形でも良い。今僕たちは震災の生んだ心の震えと真っ直ぐに向かい合い、それを詩や音楽に残していかなければならない。風化させてはならないということだ。

より佳い世界、より佳い日本へと舵を取り直さなければならない今、音楽家として何ができるのか、引き続き考えていきたいと思う。

2011.10.8 心の支援

被災地へ人がつながる

　この1週間は目の回るような忙しさだった。僕のヴァイオリン作品展のリハーサル、そして本番が9月29日。翌日はオーケストラ伴奏付きの初演愛唱曲の練習立ち合いで名古屋日帰りの往復。10月1日は「知と文明のフォーラム」（主宰・北沢方邦氏）でのレクチュア・コンサート（個展）。そして2日は「つぶてソングの集い」。大変と言えば大変だが、良い意味での緊張の連続だった。それぞれに十全の成果があったのが疲れを吹きとばしてくれた。夜毎、おいしいお酒を飲み続けたというワケです。

　さて、「つぶてソングの集い」は《つぶてソング》にとりつかれた（!?）バロック・ダンスの第一人者、浜中康子さんが中心になって杉並公会堂で開

▼そんな忙しいことも何回かあったなぁ、と本文を読んで思い出した。２００６年度から14年度まで、富山にある桐朋学園大学院大学の教授職にあり、年間20回ほど富山に出かけた。他の出張や行事が重なるとこのようなドタバタのスケジュールになったりする。

　文中の浜中康子さんには大学の特別講座にバロック・ダンスの講師として何度かお出かけ願った。僕も十数人の学

かれた。作詩者、和合亮一さんの朗読に始まって、第1曲〈あなたはどこに〉から第6曲〈誰もいない福島〉まで、集まってくださったおよそ300人の方々と次々に歌っていった。高らかな歌声が会場一杯に響きわたり、歌いながら指揮をしていた僕はそこに生まれた熱い「つながり」にウルウル状態、時に歌えなくなるのだった。

　和合さんとのトークのコーナーもあり、彼から二つの大事な話を聞いた。一つは、震災から半年が過ぎて日本全体が「静かに」なったように感じる、ということ。言い換えれば、無関心の度合いが増えたということで、彼はそのことへの強い危機感を語ってくれた。もう一つは、余震の続く恐怖の中で、つけっ放しのラジオからクラシックが流れているのに気がつき、「あっ、音楽っていいな、美しいものっ

生たちに混じって、講習を受けるのだが、とにかくニブイ。右足と左足の運びがまことに不器用。ペアで踊るのだが、相手の女学生さんに「しっかりして！」という眼でにらまれたのも懐かしい思い出である。もうちょっと上手く踊れそうなもんだ、と思うのだが、体が言うことを聞かない。ヨハン・シュトラウスがワルツを踊れなかったという話を思い出し、自らをなぐさめる（笑）。

ていいな」と思ったという話。

「つぶてソングの集い」は東日本に「あなた方のことをいつも思っていますよ」というメッセージ、エールを送るべく開かれた。物心両面の支援が被災地には必要だが、その心の面の役割をささやかながら果たそうというものだ。一方、物の面は政治を含む社会全体がしっかりと動かねばならない。自分の住むところに放射能が降り続けたら、いったいどんな気持ちがするのか、ちょっとでも想像力を働かせればそんなことはすぐにわかるのである。いっそ被災地で国会をやったらどうかとすら思えてくる。

和合さんの音楽の話に僕は我が意を得たり、の思いだった。こんな時に音楽が力を持たないのなら音楽ってなんだと言い続けてきたが、心の中のどこかに、今必要なのは「物」なんだよね、という怖れがあった。

人は「つながり」の中で生かされている。その気になれば、それはいくらでも広げていける。プロ、アマを問わず音楽家は音楽を通して、被災地に向けて人のつながりを広げていくべきだと改めて思う。音楽は心の糧なのである。

杉並での集いはいずれ YouTube などにアップロードされます。是非とも御覧ください。どんな形でも良い、「心の支援」を広げていきましょう。

ハンブルクにて

2011.11.12

子どもたちの思いやり

10月28日、ドイツはハンブルクで日独交流１５０周年の記念事業があり、その最後を飾る演奏会が当地の弦楽オーケストラにより催された。作品はといえば、日独の日は僕の旧作と委嘱新作、独の方はモーツァルトとベートーヴェン。オットット、ですね。エライことになりました。御二人と肩を並べるつもりは毛頭ありませんが、そんなことになったのです。

オーケストラ事務局とのやりとりが今イチパッとしないので、なんだか、マイナーな演奏会ではと思って出かけたのだが、そうではなかった。演奏会当日の昼には由緒ある市庁舎で記念式典があり、市長はじめ日本の総領事、ロータリークラブ会長など、

▼ハンブルクから帰ってからのホヤホヤの原稿。さすがに初演の興奮が残っていますね。

指揮者のポンマーさん、昨年（２０１５年）の札幌交響楽団の演奏会で2回にわたって本文中の曲《古代歌謡――荒ぶる神と鎮める神》を振ってくださった。ほんとうに嬉しいし、ありがたいことだと思う。日本のオケも指揮者も、なかなかそこまでフォローしてくださらないのが実情です。

お歴々の御挨拶、各々の方が世界的作曲家（ホントウカ?）ＮＩＩＭＩの新作云々のコメントを入れてくれたのは嬉しくもコソバユかった（もちろん通訳してもらってわかったのです）。

演奏会も盛大なものだった。最初に僕の旧作《風水》。指揮者のマックス・ポンマーさんはこの曲を振るのが4回目とのこと。そのうちの1回を僕は名古屋で聴かせてもらっている。それからモーツァルトの歌曲を2曲。ソプラノの市原愛さんが美しくも力強い声を聴かせる。

それに続く僕の新作はソプラノ、尺八、打楽器、弦楽オケによる《古代歌謡——荒ぶる神と鎮める神》というもの。副題からおわかりだろう。僕は今回の震災から生まれた心の震えや怒り、そして祈りの気持ちをドイツの人々に伝えたかった。

ドイツの方々の目配りには大変に素晴らしいものがある。それがナチス・ドイツの敗戦から立ち上がった原動力になっていると思う。日本も同じく敗戦国であるが、彼我の差が大きく開いているのは何故か、考え、行動する必要があると思う。

プレ・コンサート・トークで音楽学者のシュテファンさんと話し合ったが、その時にはこのことに触れなかった。が、前日にアレコレ雑談した折に、リハーサルを既に聴いていた彼はこのことを見抜いていた。勘の良い人ですね。そして音楽に対してなにより誠実な人だった。

ドイツではこれまでベルリンとニュルンベルクで《風神・雷神》が演奏されている。日本の大和太鼓(林英哲)とオルガン、大オーケストラによる曲だ。それは圧倒的な力で彼の地に響いたが、今回の新曲はそれに比べれば小さな編成。僕はドイツからのジャポニズムの要求を排しつつ、かつ僕なりのそれを実現できたのかもしれないと思っている。

実は、先の式典にはサプライズがあった。式の終わりに7、8人の子どもたちが登場。見るとA2判くらいの大きさの手作りの画集を携えている。表紙には墨の文字で黒々と「頑張れ　日本」とある。当地の日独協会の方が書いてくださったものだろう。中味は子どもたちによる絵と励ましの言葉。しかもほとんど英語で書かれていた。思いやりですね。これらの詞画集を携えて訪日してくれるというのである。子どもたちの一人と話し、きっとみんな喜ぶよ、と言うと、彼女は(カワイイ女の子でした)はにかみながら「そうだったら嬉しい」と答えるのでした。オジサンはまたも涙、でした。

音楽法要

2011.12.10

詞句と音が一体に

去る11月19、20日と京都・東本願寺にて親鸞上人七百五十回御遠忌の音楽法要が大々的に営まれた。どのようなものかをその折に配布されたパンフレットの「音楽法要について」の文から次に引用する。

「（前略）この音楽法要は、宗祖750回御遠忌を機に新たに編成された法要次第にそって制作されたものです。

だれもが親しめる音楽法要となることを願い、法要中の伽陀・三帰依文・回向が現代語訳され、ご和讃とともに新実徳英先生の作曲による美しいメロディによって演奏されます。（後略）」

というわけで、法要式次第の入堂から退堂までの約1時間、僕の作曲した音楽がオルガン演奏で続き、

▼宗教と歌の結びつき、これはキリスト教では当たり前のことだが、他の宗教ではあまり聞かない。

イスラム教、ヒンドゥー教、そして仏教然り。ただし仏教系教団では少なからぬ歌が作られているようだ。

基本的にお坊様方は「お経があれば良いのぢゃ」と思っておられるようだ。一方、僕の新音楽法要を推進した方々、そして僕もだが、やはり親し

その中にはオルガン伴奏による歌が７曲歌われるのである。

　この歌は練習を積んできた１００人ほどの合唱団が主導するが、当日、本堂に参集された門徒の皆さんが一緒に唱和できるよう、なるべく易しく、メロディックに作られている。

　実は僕はこの日を待ちに待っていた。というのは当初３月４月５月の各々26日に予定されていたのだが、あの地震のためやむなく延期されていたのだった。

　本堂の右奥に陣取った合唱団と向き合う形で、僕は総長ほか10名ほどの方々と着席し、法要を見守りつつ、歌の部分は自らも歌いながら参加した。本堂にぎっしり集まられた１５００人くらいの皆さんの様子をチラチラとうかがっていると、最初はあまり

み易い歌があって、集うごとにそれを歌うのは宗教活動にとって必要なことだと考えている。

　お経や法話がよくわからない小学生の頃から、法要の歌（親鸞上人のお言葉による）に親しんでいれば、長じてどんなに力強い信徒になることかと想像するのである。

歌っておられなかったのが、次第に歌う方々が増え、最後の歌《回向》ではかなりの人が積極的に歌っておられるのがよくわかった。

とくに、この《回向》は自分で作りながら思わず涙したという「いわく付き（笑）」の歌で、この時も感極まってポロポロが止まらなかった。とくに曲の最後の歌詞「阿弥陀《あみだ》みほとけの　安楽国《あんらっこく》に生《あ》れ／生きてはたらく身とならん」のところでは胸がつまってしまって歌えなかったのでした（これは僕だけではないことを後で確認しました！）。

キリスト教の例を見なくても、宗教と音楽の結び付きは美しくも尊い。詞句の内容と音とが一体となり空間に広がっていく。その音の広がりの中に自ら歌う自分が確かにいる。声を合わせている人々と同じ輪の中にいるということがいっそうの感動につながっていくのだった。

今年は実にいろいろなことを体験した。歌曲、ヴァイオリン曲の各々の個展、バロック・ダンスとワルツの融合を試みた舞踏曲、ハンブルクでの「荒ぶる神・鎮める神」に捧げる新曲、震災から生まれた『詩の礫』による12の《つぶてソング》……。それらにA.E.番号を付けることにした。A.E.とはAfter the Earthquake、この震災を決して風化させないという決意によるものだ。つい先日完成したのがA.E.10の室内協奏曲第2番。

めでたく復興成ったらA.E.番号をはずしたい。それはいつになるのだろうか。

東日本大震災の被害、悲惨を自分の中で決して風化させない誓い、震災後の作品にA.E.番号を付すことにした。それがこの本のタイトルとなっている。
A.E.番号は2011年に第10番まで、12年暮れには第23番に、そして16年1月現在で第52番になっている。いまだにたくさんの方たちが震災・人災のせいで苦しんでおられる。そのことを忘れてはならないと自らに言い聞かせているのだ。
いろいろな善意の活動が行われている。そのことを知る度に、「人間っていいな!」と思う。自分にできることは余りに小さい。が、たくさんの善意が集まれば、それなりの力になる。そのことを教えてもらった。

復興庁は福島に移すべきではないのか。一刻も早く、苦しんでいる方々に着実な救いの手を伸ばしていただきたいと願っている。

2012年

学ぶ

2012.1.14

▼頭が良い・悪い、頭が強い・弱い、という2種の基準を提唱した時期があったし、いまだにこの分類は当たっているような気がしている。

学校の成績は良い・悪いである。人間関係（社会性）に関するのは強い・弱いである。社会的に成功する人たちは頭の強い人たちである。が、もちろんジャンルによっては頭が良くなければならない。

といった分類は分類の常と

いつか道が広がる

頭の良い人は、自分の頭の悪い部分をよくわかっているに違いない。頭が良いと思っている人はその分だけ頭が悪い。頭が悪いと思っている人は、ま、その通り、悪いのですね。僕なんぞ、もうちょっとマシになれないのかと多少は努力するのだが、なかなかに難しい。

たとえば工学部の学生時代、複素関数論と線形幾何学が途中から謎になってしまった。今読み返してみてもやはり謎は解けない。どうしてわからないのかがわからない。自分の無能力をタナに上げて、説明不足ではないか、と疑うのだがどの本の説明も似たりよったりである。

なにも数学のような難しそうなものを持ち出さな

くてもいい。経済や株の仕組みだって恥ずかしながらよくわからない。株価が上がっていくと好景気、ということらしいが、上がり続ける株価とは一体何のこと!? おしまいにどうなるのか!? と謎なのである。「借金を増やしたらイカン」と誰にもわかっているのに、今や国の借金たる国債の総発行額は千兆円規模だという。天文学的数字ではないか。これも僕には謎です。

さて、僕は音楽大学で和声学なるものを教えている。音楽は和音の連なり、つまり和声進行で成り立っているので、和声学の初歩を身につけるのはとても大切なことなのである。ところが「なんでこんな簡単なことがわからないの、コイツは」という事態が始終起こるのである。なにがわからないのか言ってごらん、と訊いても要領を得ない。腹も立ちして当たっているようでもあり、そうでないようでもある。どんなジャンルにも良く・強い人がいて、これにはかなわない。天は時に二物も三物も与えたりするのである。

せめて努力する才能だけは持ち続けたいと願うのである。

かかるが、「怒ってはイカン」と自らに言い聞かせる。

その時だ、思い出さねばならないのは数学劣等生になった自分自身のこと。「なぜわからないのかがわからない」。

うーむ、これは大変なことになったぞ。というのは、これ以上親切には教えられない、というくらいに僕は懇切丁寧に教えているつもりなのです。

アルキメデスが湯舟に浸かって「良い湯だワイ」と思っていたかどうかは知らないが。その時「ユリーカ（わかった）」と叫んで風呂場から裸でとび出した、という逸話がある。比重の原理を発見した瞬間である。

これは大きなひらめきだが、わからないことがわかるようになるのには、小さなひらめきの連続が必要なのではないか、と今にして思う。「わからない」と「わかる」の間には少なからぬ壁があって、達人は素早くひらめき、あっという間にそこを通り抜ける。凡人のひらめきはあくまでもゆっくり、時には立ち止まりつつ壁を抜けようとする。

人には得手不得手があり、学べば何だってわかるというわけにはいかない。が、学びたいことがあるならば学び続けたらいいと思う。いつか壁を抜け、眼前に道が広がるはず、と思いたいのです。

それでは複素関数論に再チャレンジ!?

つぶてソング

2012.2.4

渾身の祈り響き渡り

アマチュア合唱会の雄、松原混声合唱団がこの1月22日の演奏会で《つぶてソング》第1集・全6曲を演奏してくれた（指揮・清水敬一、ピアノ・斉木ユリ）。心に沁み入る素晴らしい演奏で、お客様方が息を呑んで集中しておられるのがヒタヒタと伝わってきた。

演奏に先立って《つぶてソング》の成り立ちについて手短にトークし、その中で「できたばかりの合唱版の即売サイン会を休憩時にやります。是非お求めくださいね」とコメントしておいた。

さて、休憩となりロビーに用意されたテーブルに腰を下ろすと瞬く間に行列ができ、用意した50冊があれよあれよとなくなっていった。さらに数十人の

▼この本文の3年5ヶ月後、2015年7月18日にやはり松原混声合唱団の演奏会があった。反戦の願いを込めた僕の《英霊たちの歌》を熱唱してくれた。その勢いあってのことか、やはり当日に間に合わせて刊行された『合唱っていいな！』の持ち込んだ50冊が売り切れてしまった。指揮者の清水敬一君のアピールが効いた。「乗せ方」がウマイ。おかげさまです。ちなみ

方が並んでおられる。

後日サイン入りの楽譜をお届けすることにして、申し込みを受け付けると、なんと40冊のご注文をいただいた。一晩で90冊もの楽譜が売れた訳で、僕に関しては前代未聞⁉ のこと。一つには演奏の訴求力が強かったこと、もう一つにはそれを聴いて自分も歌いたいと思った方が大勢いらしたということだろう。

が、僕の気持ちは複雑だ。たくさんの人に《つぶてソング》を歌ってほしいと願い作曲し、さらに合唱版を作り、それが大きく広がりつつある。実はもう増刷に入っている。そのことは嬉しい。一方、このような歌が待ち望まれているのは今が不幸な時代であることの証でもある。残念ながらこの不幸がいつ終わるのかよくわからない。「ねえ、久しぶりに

にこの本は僕の原稿以外に、栗山文昭、清水敬一、松下耕、寺嶋陸也、和合亮一といった面々とのヴィヴィッドな対談が載っていて、これが中々に面白い。皆さんのトークが佳いのである。是非のご一読をおすすめします（笑）。

《つぶて》を歌ってみようよ。懐かしいなあ」、そんな会話が聞ける幸福な時代を早く迎えたいものだ。

先日こんなことがあった。毎朝のウォーキング途上、JRのガード下にホームレスの方がいつも寝ている。僕の20メートルほど前を外国人さんが歩いていて、そこを通り過ぎようとしてふと立ち止まる。財布からお札を一枚取り出し、脇の荷物カゴにそっと差し込む。ほんの一瞬の出来事だ。もちろんホームレス氏は気がつかない。僕が通り過ぎるときにチラと確認したらそれは千円札。心温まるような、淋しいような、そして切ない気持ちで胸が一杯になった。

新たな住人か旅行者であろう（だって毎朝千円あげるわけにはいきませんよね）彼の優しさ！　そんな思いやりの心が今の政治家たちにひとカケラでもいいからあったらなあ、と切ないを通り越して情けない気持ちになる。

音楽をするものはしっかりやっていかねばならない。プロ、アマを問わず全ての音楽家は自らの最善最高のものを目指さなければなるまい。それだけが人間精神の奥深くに届くのである。1月28日、いずみシンフォニエッタ大阪により僕の室内協奏曲第2番が初演された。指揮の飯森範親さん始め、一同の取り組みは真剣そのものだった。荒ぶる神と鎮める神への渾身の祈りが高らかに響き渡ったのだった。

昨年までの3年間、やたら作曲の仕事が忙しかった。たぶん年に大小あわせて10曲、計30曲は作曲したろうか。僕にとっては異常なペースだったと思う。

ところがこの1月に初演のあった室内協奏曲第2番を12月に書き上げたあと、ヒマな自分に気がついた。今年は委嘱曲を6曲書けばいいだけだと思った時、妙な虚脱感におそわれた。自分でもわかっていたけれど、ワーカホリックだったのですね。仕事でキリキリ舞いするのが自分の生き方になってしまっていたので、今の時間に余裕のある状態がかえって不安になる。人間っておかしなものだと思うのですが、きっとこのことをわかってくださる方は少なくないと思う。

2012.3.10

ピアノに親しむ

▼エチュードを書く、まずはピアノの練習を、などと殊勝なことを言っているが、自主的に定めた目標を達成していくのは易しくはない。なにせ監督官は自分自身なんだから。いくらでも怠けられる（笑）！結局《エチュード第1巻（Ⅰ・Ⅱ・Ⅲ）》ができ上がったのは2014年の夏、初演は12月であった。最終的には《第4巻（Ⅹ・Ⅺ・Ⅻ）》に達するつもりなのだが、今のペー

さて、僕はずーっとライフ・ワーク的にピアノ曲に取り組みたいと思っていた。ところが頼まれる曲が多くてできなかった。ピアノ曲の委嘱はまずないのですね。ピアニスト個人が委嘱せねばならないし、それ以前に弾くべき曲は一生かかっても弾けないほどある。バッハからリストまでだって、全曲を弾いたピアニストはまずいない、と言っていいくらいのものだ。

そうなんだ、今が絶好の機会なんだ、誰に気を使う必要も無い、思う存分にピアノ曲を書けばいいいんだと思った時、元気が出てきた。テンションが上がった。エチュード（練習曲）を書くことにした。宗教的哲学的命題を込めて（これは自分の精神に対するエチュード）、そしてピアニストのためのエチュード、同時に自分の作曲法に対するエチュード。何でスではヤバイ。天才たちの憑かれたような作曲のペースにはそれなりの「理由」がある、と想像するのである。没年齢はシューベルト31歳、モーツァルト36歳、ショパン39歳。エエイッ！　どうせ凡人は開き直ってゆっくりやることにするか。夜な夜な旨酒をすすりつつ……。

あれ前進の目標があれば心が弾んでくる。

ピアノの練習を始めなきゃ（笑）と思いましたね。ハノンやバッハやショパンをこれまでよりは多少まじめに弾いてみる。不思議です。この歳になってでも毎日やっていると弾けなかったフレーズが弾けるようになってくる。この程度のことで「積み重ねは偉大だ」なんて言うつもりはないが、それに近い実感はあるのです。

ピアノに親しむようになったのは高校に入ってから。音楽部の部室にあるオンボロ・ピアノを毎日弾いた。まったくの我流だったが無上に楽しい時間だった。ピアノが弾きたいため、授業を抜け出したことも再三再四。先生は見逃してくださいました。アリガタヤです。ピアノを弾く楽しい気持ちが今も続いている。

東京芸大にいた頃、恩師の矢代秋雄先生（先生はピアノの名手であった）が、「ピアノの下手な人も上手な人も、とにかく弾くことは大切ですよ」とおっしゃった。その言葉は今でも自分の中で輝いている。それは自分の指と耳で「音」を確かめることなのだ。レナード・バーンスタインが「モーツァルトのレクチュアを10時間聞くより自分で1時間弾いたほうがわかることは多い」と言ったのはナルホドである。

大学院の学生と連弾するためラヴェルの《ラ・ヴァルス》をさらっている。なんと発見と歓びの多いことか！

合唱祭

2012.4.14

爽やかな歌声高らかに

この4月1日、神奈川県ジュニア合唱祭が開かれ、僕は講師として参加した。ちっちゃな子供から高校生のお姉さんたち、さまざまな構成の合唱団が元気はつらつな歌声を聴かせてくれた。子どもたちの無垢な明るい声を聴いていると「日本の将来は大丈夫」って気持ちになる。

合唱祭を締めくくる講評で僕は開口一番、「この子たちが安心して暮らせる日本、自然豊かな美しい日本を残してやるのが大人たちの義務ではないでしょうか」と述べた。

北沢方邦著『知と宇宙の波動』(平凡社)の中に次のような記述がある。「ぼくはモダニストやハイパー・モダニストたちの人間中心主義に、いつも吐

▼近代文明は人間中心主義から逃れられない。これは一つの命題と言っていいのではないだろうか。その根幹にあるのが電気である。私たちのまわりのほとんどの文明の利器が電気で動いている。人里離れた山小屋にこもるといったって車はバッテリーなしでは動かないし、山小屋には電気が「必需品」である。つまり、電気がなければ何もできない。

き気がする。パプアニューギニアにいってごらんなさい。人間と動物、人間と植物、それどころではなく無機的な自然すべても、まったく対等で、やさしい情愛の絆で結ばれている。これが人間本来のありかただし、人間が本能的にもっていた《生態系の精神》だと思いますよ」（本書より抜粋）。

ニューギニアまで行かなくとも、かつての日本はそのような国だったと僕は思う。

近代文明は大いなる恩愛を与えてくれたが、その中には人間の手に負えないものがあり、たとえば原子力がその一つだろう。福島を中心に山に海に飛び散り続ける放射能、次々とたまっていく核廃棄物、とりあえずこのことを思うだけで、いかに手に負えない代物かが誰にでもわかるはずではないか。加うるに「核燃料はあと30年分しかありません」（安冨

だからといって「原発が絶対に必要」というのもよくわからない。

いまだに放射能の被害で苦しんでいらっしゃる方がたくさんいる。このことを原発推進の方々は理解しているのだろうか。被害者ではない人間の想像力はとことん貧困であると思わざるを得ないのが残念。

歩著『原発機器と「東大話法」』／明石書店）。

原発はどうしても必要なのだという御説をアレコレ読んでもいま一つ説得力が感じられない。自然エネルギーの実用化を推進しつつ、過疎地の雇用を広げていく、今こそ、その時だと考えるのは素人の浅知恵⁉ 風評被害も含め漁民農民の方々の心労やいかばかりかと思う時、いても立ってもいられないような気持ちになるのは僕ばかりではないだろう。一刻も早く皆が安心して暮らせる、そして迷いなく高らかに音楽を響かせられる、そんな時を迎えたいものだ。

時に3月下旬、これも神奈川県でシニアの合唱祭があり、ここにも僕は講師として招かれたのだった。2日間にわたり計40団体ほど、平均年齢が60歳以上というのが出場資格。ジュニア合唱祭とはちょうど「反対側」にあるわけですね。もはや爽やかな歌声というわけにはいかない（笑）のだけれど、そこには精神の爽やかさ、明るさがあり、老後の活動としての合唱もいいもンだな、と思わされた。同じ時代を生き抜いた仲間たちと声を合わせる。さぞ後のビールがおいしいことでしょう。

ちなみに最高齢の方が95歳。表彰状を手渡される時のスックとした立ち姿に感動‼ 僕も作ってばかりじゃなく、歌う側にも回らなきゃね。でも自作の難曲は歌えそうにない（笑）。

より佳きもの求め

ダイエット

2012.5.12

新聞、雑誌にしばしばダイエットの記事を見かける。ダイエット本もかなりの量が出版されている。ということはダイエットが難しいことの証である。中・高・大学と少なくとも8年間英語を学んだはずなのに英会話本や英会話スクールが巷にあふれているのと同じことですね。僕なんぞも「英語力アップ!」なんてキャッチにヨロヨロとなって買い込んだ本が10サツはあるはず。

ダイエットの原理は実に簡単。1日の摂取カロリーを消費カロリーが上回れば良い。ただそれだけ。あんまり簡単なので誰だって解っている。が、ワカッチャイルケドー！ なのである。原因はモチヴェーション不足。これを自分で明瞭に持たない限りダ

▼やはりダイエットは難しい(笑)。本文の頃は62・5キロをキープしており、余裕の発言。だが現在は64キロのラインを上がったり下がったり。毎朝体重計に載っては一喜一憂、はないけれど、なんとなく気になって仕方がない。たぶん代謝が悪くなっているのですね。多少の運動ではその日に摂取したカロリーが消費できていない、という訳です。もちろん、毎日2時間テニ

イエットは永遠に（笑）成功しない。

ある出版社のパーティーで、『赤ワインでダイエット』って本を書こうかな、と編集者につぶやいたところ、「ウチでやってもいいですよ。でも早死にしないでくださいね」と返ってきた。そこで一瞬本気になって考えてみると、夕方6時以降はでんぷん類と揚げものは摂らない、その代わり赤ワインは好きなだけ飲んでいい、これ以外に書くべきことを思いつかない。これでは本にならないではないか。しかもポリフェノールが体に良いったってアルコールの飲み過ぎを奨励するわけにもいかない。というわけで、この企画は実現していない。でもこれは実際に僕が実行した方法で、ゆっくりと12キロ減少し、リバウンドもない。赤ワインのみならず白ワイン、日本酒、焼酎、締めにはウイスキーを夜な夜な楽しスをすれば絶対に体重は減っていく。が、残念ながらそんな時間は取れない。ダイエットや運動のために生きているんじゃないから（笑）。

精神にも肉体にも適切なバランスが必要なのでしょう。が、どうしても歪みがちになるのですね。

んでいる。あくまでも適量ですよ（と本人は信じている）！

さて、肉体ではなく精神のダイエットを提唱してみようかなぁ。精神を鍛え、よりスリムで強靭なものにする。オッ、なんだかカッコヨイではないか。ここではモチヴェーションを「志」と意訳（異訳!?）することにしよう。

より佳きものを求める、より佳きものへと自らを進める、というのがそれだ。実は「音楽する」ことはこの志による自己啓発活動に他ならない。ここでも肉体のダイエットと同様、精神に佳いものを摂取し続けるのが肝要であるが、この場合何が佳いのかを選ぶのは自身の直観である。できるだけ多くの音楽、あるいは文学、思想などに接し、吸収すべきものを吸収し自らの糧としていく。うーむ、難しそうだね。でも志、です。

作品を通して過去の作曲家たちと常に向き合っている。とりわけJ・S・バッハ。彼の《平均律クラヴィーア曲集Ⅰ・Ⅱ》は音楽史上の巨大な金字塔だ。古今の作曲家でこの曲集を学ばなかった者は一人としていないだろう。が、これは誰かに頼まれて作曲されたものではない。バッハの意思により教育目的で作られ、故に人前で演奏されることはなかった。この偉大な曲集には無駄なものは一つとしてなく、必要なものは全てある。究極の「ダイエット」、と言ったらバッハ先生に怒られるか!?

安心できる環境を

先月下旬、音楽評論家の吉田秀和氏が亡くなられた。享年98。長きに渡って充実した執筆活動を続けてこられたのはどなたも御存じのこと。僕なぞが物心ついた頃には既に大家としての存在だった。それもそうだ、33年の齢《とし》の開きを考えれば、僕が10歳の時、氏は43歳なのだ。

その著作から少なからぬことを学ばせていただいた。つい最近も『音楽と音楽家』（シューマン著、氏の訳／岩波文庫）を読み直していたところだ。訳文くささのない、時には詩的といっていいほどの訳で、あらためて感服した次第。学ぶべき著作は気の遠くなるほどの量があり、たぶん僕はその10分の1すら読み切れないだろう。

線量計

2012.6.9

▼震災は震災、音楽は音楽、そう割り切っていらっしゃる方々も少なくないように見受けられるが、僕は何もできないにもかかわらず、いや多分それ故にこそ震災に「取りつかれている」と感じている。付け続けたA．E．番号（震災後の作品番号）はもうすぐ52番となる。

日本人というものは、あるいは人間というものは、実に簡単に「痛み」を忘れるもの

さて、あの震災以降、氏は音楽の専門誌以外への文章、たとえば朝日新聞の「音楽展望」のようなものが書けない、書く気持ちになれない、とおっしゃっていたと人づてに聞いていた。根底には、原発事故や被災に対して自分は何をしてきたのかという思いがおありだったようだ。だとしたらそのお気持ちは僕にはよくわかる。3・11以降、僕は震災は震災、音楽は音楽、というふうに割り切れなくなり、何を作曲するにも震災、原発事故による悲しみ、怒りが曲の中に流れ込んできてしまう。その状態は今も続いている。氏にはできればその悩みをこそ、文章化していただきたかったのだが、それはもう望むべくもない。今はただ御冥福をお祈りするばかりだ。

5月11日、福島の国見小学校に行ってきた。五つの小学校の統廃合で生まれた新しい小学校だ。《つ

なのだろうか。「目新しい歓び」に対して「旧《ふる》い悲しみ」は捨てていいのか。2020年のオリンピックを4年後に控え、僕の心も揺れ動く。2回目の東京オリンピック、はたして被災地の方々にほんとうの歓びを運んでくれるのだろうか。

ぶてソング》のコンビ――和合亮一さんと僕――による校歌の発表会に招かれてのこと。子どもたちからお礼の言葉、花束の贈呈。そして力一杯の元気な歌声を聴かせてもらった。僕は指揮とピアノを担当。うれしかったなぁ。子どもたちの元気な歌声はほんとうに感動的だ。彼らの元気がそのまま僕の中に入ってくる。

実は学校に案内された時、僕は小さなショックを味わった。校舎の前に線量計があるのだ。子どもたちも先生方も毎日この線量計を見ながらそこで暮らしているのだ。サッカー場に近い広さのある校庭の除染をつい最近行ったが、まだ残量があると校長先生が話された。昼休みの校庭を見ていると、500人近くいるはずの児童の80人ほどが遊んでいるだけだ。線量のことがあるのだろうか。

子どもたちが安心して勉強できる、安心して遊べる環境を残すのが今の大人の最低限の義務ではないだろうか。それなくしては日本の将来なぞない。

ウランの埋蔵量はあと80年分。ただし原発が発展途上国などで倍増すれば40年分を切るというデータが示されている。加えて廃棄物の捨て場がない。安全の保証は怪しい。ニュートラルな立場から考えたって今こそ脱原発に向かう好機なのであると「普通」の人々は思っているはずだ。音楽の美しさ、気高さはそうした流れの中にあって初めて本来のそれを取り戻すのだと僕は思っている。

入院生活

2012.7.7

仏の顔も三度まで、というその三度目をこのほど使ってしまった。石の階段を逆さに落ちて、即救急車、入院。打撲傷のほか右眼窩《がんか》の骨折。これはちょっと重篤で、下手したら髄膜炎の危険があったとのこと。と言われても、これを書いている転倒4日後の現在、本人はいたって元気で、今退院を許可されたらそのまま酒場に直行しかねない。

残念ながらあと1週間は娑婆《しゃば》には戻れないとのお達しだし、またその後は骨折部の形成手術で再入院である。そもそも酒も原因の一つだったのだから大いに反省しているのだが、さてどの程度か。サルにもできる反省では⁉　どうやら僕に必要なのは新たな作曲法などではなく、当たり前の分別というもの

▼3回の大ヘマを正直に記そう。その1、蓼科のヴィーナス・ラインのゆるいカーヴをハンドルを切りそこない、11本のポールをなぎ倒し車が廃車になった。その2、蓼科の山の中で3メートル下の谷へ落車。本人は小崖をはい上がって、そ知らぬ顔で帰宅。3回目が本文（今は飲んでの運転は決してしませんよ）。

たぶん僕は病院や自宅のベッドでは死ねない男なのだ

にちがいない。

さて、入院生活である。3歳の頃疫病にかかって1ヶ月ほど入院したことがあるが、それは遠い記憶。今回は物心ついて以来初めての入院ということになる。当然ながら禁酒。普段なら適当に飲んでバタッと寝ると朝になるが、ココでは勝手が違う。

夕食が午後6時に出てくる。一汁三菜。どんなにゆっくり食べても30分かからない。さあ、このあとが長い。翌日の朝食まで12時間強。2日目の夜、まだ体が回復していないこともあり、食後すぐ横になってウトウト。ふと目が覚めて時計を見るとまだ10時。次が12時前、1時、2時半……。いったい朝はくるのかとモンモンとしていると、薄明るくなった頃にコトッと眠りに落ちる。気持ちよく寝込んだところで、看護師さんの「検温ですよ」の声で起ころうと思う。できることなら、そのあたりの道や駅ではなく、どこか美しい山か海の近くで倒れていたいと思うのだが、これは勝手な願いというものだろう。

この本文の載ったのは折りしも七夕。芭蕉の壮大なる「創造＝ウソ」の「荒海や佐渡に横たふ天の河」を想う。

される。「ウッ、ネムーイ」。不眠症の方々のお気持ちがよくわかるような気がします。

時間の過ぎ方は、もちろん当人の感じ方次第。退屈な時間は長い、楽しい時間は短いってヤツだ。ここで目を転じて、太陽系を外へ向かって旅する宇宙船内の時間について想像してみよう。

乗組員はもともと地球人なので24時間、あるいはそれに近い体内時計を守り続けねば生きていけないだろう。だけど夜も昼もない世界でそんなことできるの？　御存知の方は『２００１年宇宙の旅』を思い出して下さい。あんなモンですね。宇宙船の中で過ぎていく茫々たる地球時間。退屈の極みの極み⁉

が、ここでふと思った。その朝も昼も夜もない空間で聴くバッハはやはりバッハであろうか。ひょっとして地上で聴くバッハよりはるかに神の領域に近いものとして、あるいは神の啓示そのもののように響くのではないか。これは妄想空想の極みの極み⁉

寝つけぬ地上の夜をもて余しながらＮＨＫの「震災ドキュメント２０１２」を観る。戻るに戻れぬ双葉町の方々。故郷は「なくなりつつ」ある。ある会議で町長は「私たちは棄民ですよ」と訴えておられた。同じ日本時間の中で過ごす私たち。その時間の流れに軽重があってはならない。政府が「国民生活を守る」という時の国民、それは誰なの？

チェリビダッケ

2012.8.4

最高を目指す精神

これまで出会った音楽家の中で最も強烈な印象を受けたのは誰か、一人だけ名前を挙げよ、と言われたら僕は迷いなくセルジウ・チェリビダッケ（1912～1996）の名を挙げる。

1977年、読売日本交響楽団の客演指揮者として初来日。以下は僕の記憶によるもので正確さのほどは多少割り引いて下さい。35年前のことと関係者に確かめようがないのです。

まず練習風景から。オーケストラは本番の前も練習の前もチューニング（調弦）で始まる。Laの音を合わせるってヤツですね。これがチェロ、バスのセクションからスタート。チェリビダッケ（以下チェリ）が「良し」とうなずくまで次のセクションに移

▼チューニングに関しては以前から疑問を抱いていたことがある。Laの音を与えられて全楽器が一斉にチューニングを開始する。一斉に、ですよ。その時にいったい自分の音がどれほど聴き取れるのか。僕は多少ヴァイオリンを弾くので、20人くらいの合奏を体験するのですが、それでも自分のピッチを良くは聴き取れない。

もちろん専門家にはスペ

れないのです。やがてヴィオラ、そしてヴァイオリン。弦楽部のチューニングが終わるのに5分以上はかかる。木管、金管の全セクションが終わるのにざっと10分。こんなにチューニングに厳しい指揮者は世界中探してもチェリ一人といっていいのではないでしょうか。

　そして練習はそれ以上に厳しい。ニュアンスもさることながら強弱、とくにピアニッシモに対する注文は度を過ぎていると思われるほど神経質だ。《マ・メール・ロワ》（ラヴェル作・編曲）の魔法のようなピアニッシモはこうして生まれる。

　まるで見てきたように書いてますが、そうです、見てきたのです。チェリのリハーサルは全て公開、かつ一つの本番の前に5日間の午前、午後の練習。御本人の要求なのです。さらにスゴイのは練習の後、

シャルな感覚があって「こんな感じで合っていれば大丈夫」なのであろう。

　僕はオケの演奏会でチューニングが始まる瞬間は大好きなのだが、チェリのように5分以上もかかるのなら、いっそオフ・ステージでやっておいたらどうか、とも思うのである。

夜毎の公開講座。指揮法講習が受けられると勘違いして、指揮者のタマゴたちが何人も来ていたのを微笑ましく思い出す。中味は現象学の講義だった。僕はそこでリズム法の本質を学んだのでした。

「指揮者って大変、スゴイ!」とこの時初めて、かつまじまじと思ったものでした。指揮者は「全て」でなければならない! 指揮者になろうとしなくて良かった（笑）。

演出家や映画監督にも同様の能力が要求されるに違いない。故・森谷司郎監督（映画『海峡』他）と何度か酒席を共にさせていただいたことがある。その折に「一度現場を見学したいのです」とお願いすると、しばらく間があって、「ウム、見ないほうが良いよ」との御返事。そのあと「修羅場の修羅だからなァ」とのつぶやきを聞いたような気がする。

創造の現場は厳しいのですね。怒号飛びかう現場、静かな緊張がみなぎっていく現場、両者の間に様々なグラデーションがあるというものの、より佳きものを、最高のものを目指す精神がその背後に張りつめているのである。

作曲の現場!? 「エエ、お気楽なモンですよ。一人で決めて一人で書くだけですから」と言いたいが、そこにはバッハ以来の名作群がズシリとのしかかっているのデス。などと考えると1音も書けそうにない。まずは忘れることから始めましょうか（笑）。

美術館

2012.9.1

狂気にも近い情熱

この夏も1ヶ月ほどを蓼科の山小屋で過ごした。8月の下旬の秋めいた風の吹く日、ふと思い立って長坂の清春白樺美術館に出かけることにした。たたずまいのよさが評判で、以前から気にかかってはいたのだ。行くとなったら待ったなし、エイヤッとばかりに車に乗り込んで1時間少々。その気になれば近いものだが、ともかく出無精なんですね。

かつての小学校の跡地。まず正16角形（!?）レンガ造り3階建ての集合アトリエが目に入る。これはG・エッフェルによるラ・リューシュの再現。ドシッとした存在感がとてもよく、創造の場の雰囲気がある。

美術館の方は常設展のルオー、特別展の東山魁夷。

▼2015年7月に鴨居玲の展覧会を東京駅隣接の美術館で観た。彼の絵の全てに――と言っては大げさなのだが――「死への狂気」が潜んでいるような気がしてならなかった。1枚1枚の絵にそれを感じるのは自死という結果を知っているからかもしれないが、たぶん僕の感じ方に賛同してくださる方は少なくないだろう。彼も天才であった。「絵を画くということがな

小ぶりな美術館として点数は多くないが、この一つの場でルオーの西洋的宗教性、東山の日本的霊性を見比べられたのは興味深かった。他にルオー礼拝堂など。周りには立派な桜の古木が立ち並んで、花の季節に来たらどんなにか楽しかろうと思った次第。来なきゃね！

翌日は長坂とは反対の長野方向に「舵《かじ》」を取って小布施に向かう。こちらは1時間40分のドライヴで目的地の北斎館に着く。あの葛飾北斎が最晩年の数年間をこの地で過ごし、画業を続けたということである。１９７６年11月に開館。版画のみならず希少といわれる肉筆画が少なからず常設展示されている。

晩年、「画狂老人卍」と名乗ったほどの北斎の画業に寄せる情熱にはただならぬものがある。この地上のあらゆる造形と色彩を自らの筆で画紙に絡め

かったら僕は狂人になったかもしれない」と画家・横尾龍彦さんが語ってくださったが、画家と狂気の結び付きは珍しいことではないように思われる。

（「狂う」とはどういうことなのだろうか。昨今の世相を見ていると「正常でいるよりも狂ったほうがラク」という感じがわかるような気がしてくる）

とってしまいたい、つまりは神技の域に達したいという気魄《きはく》、狂気にも近い情熱が伝わってくる。

僕なんぞは頭の上から熱湯を浴びせられ「オマエ、死ぬ気で音を書いているか」とどやしつけられたような気がした。いやはや北斎先生、マイリマシタ!

さて、この2日間はこのようにして僕の夏休みとなったのでした。まどみちおさんの詩による女声合唱組曲がやっと完成して、ちょっと羽を伸ばしたくなっていたのです。のんびりした気持ちで絵を鑑賞する。久しぶりでしたが、いいものですね。

絵はもちろん観るためにあるのですが、大自然の風景から1本の木の1枚の葉っぱまで、目に入るものことごとくに生命の貴重さ、愛おしさを感じるようになった、ってコレ歳《とし》ですかね(笑)。

そういえば今回ご登場いただいた方々は皆さん長命。ルオー86歳、魁夷90歳、北斎89歳(90歳説アリ)、そしてまどさんは現在102歳。なんとまあスゴイもんです。

作曲家のほうはシューベルト31歳、モーツァルト36歳、ショパン39歳……短命な天才が目立つがストラヴィンスキー88歳などの例外もある。

長命にせよ短命にせよ歴史に名を残す天才たち。彼らの遺《のこ》した作品の中身はすこぶる濃い。大自然の美とエネルギーがそこに凝縮されているのである。

橋と音楽

2012.10.13

隔たりを結びつける

山口県岩国市の錦帯橋。子どもの頃から教科書やら雑誌やら、何かにつけ写真を見てはいたのだが、このほど初めて実物にお目にかかった。実にいい! 優美なたたずまい。そこはかとない茶目っ気も感じられる。

五つのアーチに分かれている。これは流されないための工夫という。真ん中の三つの頂上部はゆるやかな曲面だが根元の方はかなり傾斜が急で、7~8センチの高さの階段になっている。奥行は20センチほどだろうか。数えてみるとそれぞれ30段ほどある。見事に手の込んだ細工物である。そのことに感心しつつ、しかし渡ってみると実に歩きにくい。思わずウームとうなった。うなりながら渡る橋なんて錦帯

▼本文中、音楽もまた「橋」なのかもしれない、などど解ったようなことを言っているのが少々恥ずかしい。

「向こう」と「こちら」をつなぐのが「橋」なのであるから、いろんなところでメタファーとして使われてきた。音楽だって絵だって、表現媒体は全て「橋」なのだ。そう納得すれば、僕の恥ずかしさも和らぐ。

「橋をかける」「舟を出す」、

橋くらいのもンでしょう（笑）。

　呼び名だが、現在はキンタイキョウと呼んでいる。鉄橋、歩道橋、陸橋などはキョウだけど、固有名詞としての橋の名をキョウと発音するのはなんとなくはばかられる。都合3人のタクシー運転手さんに訊いてみたら、どの方も「昔はキンタイバシ言いよったぁ」との御返事。いつの間にハシはキョウになり変わったのか、いぶかしいことではある。

「橋、ってなんだか好き」なんて言い方は10代の女の子みたいだけど、そんな風にいつも感じている。古い記憶だが、たとえばサンフランシスコのゴールデンゲート・ブリッジは圧倒的な存在感。直線と曲線の対比が見事。それとは対照的にフィレンツェのヴェッキオ橋は中世の雰囲気。橋上はマーケットで、土産物屋がゴタゴタ並んでいて人間くさくて良い。

なにかと隔てられている人間同士を結び合うのは大切なことで、このような言い方が生まれたのだろう。

「ボタンのかけ違い」から起こった人間関係のミスも少なからず味わってきた。相手の気持ちになることは難しい、とつくづく思うのです。

歩くのが好きなので随分といろいろな橋を足で体験してきた。かつてドナウ川、ライン川、ソーヌ川、ローヌ川、セーヌ川などの橋を渡ったのも懐かしい思い出だ。

さて、岩国に来たのは合唱コンクールの審査員として招かれてのこと。県大会のもう一つ上、中国支部大会であり、聴いてみるとさすがにレヴェルが高い。トップクラスの団体はスゴイ実力だ。とくに中・高等学校は過熱気味で、あまりの出来栄えが逆にコワイくらい。

プロ・デビューするわけじゃないのだからそこまでやらなくてもいいんじゃないの⁉　と僕なんか思っちゃうけれど、「やるからにはトコトン」なんですね。水を差しても仕方がないけれど、「芸術は人間精神の高みに昇るためのもの」（ノヴァーリス）、これを忘れないように、金賞が第一目的にならぬよう励んでいただきたいと願うのみです。

水路の向こうとこちら、人と人とをつなぐ橋。音楽もまた「橋」なのかもしれない。あなたとわたしの大きな隔たりを音が結びつける。心と心がより高い場所で結び合う。どんな場であれ、音楽の感動はそこから生まれるのだと僕は思いたい。

東日本の被災地に届いてほしいと小さな橋を作った。《つぶてソング》12曲だ。この11月にアマチュアの雄、松原混声合唱団がそのための演奏会を開く。佳き場となりますよう‼

広がる確かなつながり

10月末、久しぶりに佐賀県武雄市へ旅をした。地元の「合唱団やまびこ」からお呼びがかかり、僕の合唱組曲《幼年連祷》(吉原幸子詩)のレッスンに出かけたのだった。１９８０年に完成した作品で、その第1曲〈花〉を作曲したのはまだ芸大の大学院１年生の時。懐かしい曲です。

合唱団やまびことは２００５年に委嘱曲《空、海、大地と木のうた》(工藤直子詩)の初演のタクトを振って以来のおつき合い。この組曲は次の年も市民合唱団を結成して歌われ、07年にはオーケストラ版も作らせていただき、九州交響楽団の協演を得て盛大な発表が行われた。僕の指揮は相も変わらず下手くそなものだったが、合唱団や九響の皆さんの協力

2012.11.10

第二の故郷

▼２０１２年に記した文を読み直すと、その最後に「……政治はどうなっているのか。被災地のこと、沖縄の米軍基地、領土問題、税金、赤字国債、定数是正、原発問題……」と記している。ナーンダ、いまだに何にも解決していないじゃないか。これを書いているのは16年。４年では無理なのでしょうか。進んでいないどころか、ますます困った状況になっている。

のおかげでなんとか成功させることができた。終わったあと武雄市長さんがすっ飛んでこられて、感動の固い握手をしてくださったのをよく覚えている。

さて、今回は武雄の楼門のすぐ近くの温泉旅館に泊めていただいた。早速ひとっ風呂。体が芯から温まりほぐれる。翌朝、ウォーキングに出かけた。まずコンビニで牛乳を買って一杯。夜は小食にしているのでコレが実にうまい。はらわたに染みるって感じ。再び歩き始める。オヤッ、チャイムが流れてきた。なんだか聴いたことのあるメロディ。あらー、僕の曲だ（笑）。先ほどの《空〜》の一節。合唱団の人たちが市に働きかけて、朝・昼と市街地に流してくれることになったのを思い出した。

もっとスゴイことになっているのはJR武雄温泉駅。この曲のピアノ伴奏が1日中流れているそうで

そもそも政治とは何だろうか。政治家の「自己実現」かもしれないが、わからないことだらけだ。日本を真の独立国とすること、沖縄を日本への従属から解き放つこと、そんな当たり前のことが実現できていない。それを後代に残していかざるを得ない僕らの世代。残念でならない。

す。こうなったらもう武雄＝第二の故郷ですね。武雄、大好き！

昨年の震災のあと、音楽は無力かなぁと落ち込んだりもしましたが、人と人との結びつきのことを思うと「音楽もナカナカではないか」と思えてきます。東日本でもたくさんの音楽会が開かれている。僕の関わりでいえば、来年の3月、福島の南相馬市で「つぶてソングの集いin福島Ⅱ」が催される（Ⅰはこの3月に郡山市で開催）。このたびは第1回ウィーン・フィル&サントリー音楽復興祈念賞をいただいた。賞金の100万円で交通費、宿泊費のかなりの部分を補うことができるだろう。ありがたいことです。

共に歌う、共に演奏する、共に聴き合う、そこから確かなつながりが広がっていくのではないか。音楽の力を信じたい。

さてさて、音楽はともかくとして、一体政治はどうなっているのか。被災地のこと、沖縄の米軍基地、領土問題、税金、赤字国債、定数是正、原発問題……。僕らの知らない間に全ては解決に向かって前進、ってなことはなさそうですね。政治家の皆さん、今こそ私利私欲を捨て、ひたすら市民国民のために働く時ではないでしょうか。自ら望んでのお立場、かつ税金で雇われていることをお忘れなく。より佳き日本に向かって一歩でも進めていただきたく願っています。

総選挙

2012.12.8

創造の苦しみの受容こそ

早くも師走になりにけむ、などとつぶやきつつ僕も師の類の一人としてドタバタしている。やりたくないことを全部スッ飛ばせば忙しくはないが、そうもいかないのが浮世である。加えて総選挙、さらに東京では都知事選。なにかと喧《かまびす》しいことである。

政治家とは何者か、などと自分のことはタナ上げして怪しんだりすることがある。政治も表現であるとすれば彼らもまた表現者である。我々との大きな違いは民意で選ばれ、それゆえ税金からサラリーをもらっていることである。つまり彼らの表現は市民国民に役立つものでなければならない。多数の票を得て当選したとしても、「どうぞお好きなように」と全てを託されたわけでは全くない、ということを

▼あの小林秀雄が『漫画』（1959年）という稿の中でオノレ・ドーミエ（仏）の政治漫画を引き合いに出して、「……どうあっても、他人に説得されまいと覚悟している政治家を説得する事は出来ない……」と記している。なるほど、今の状況もまさしくその通り。それに加えて「戦争に行きたくない」という学生たちの主張を「極端な利己的な考え」と批判する自民党議

自覚していただきたいものだ。

　さて今回の選挙、困りましたねぇ。マニフェストを平気で反故《ほご》にした人たちはどうも信用ならないし、長期政権の座を降りざるを得なかった人たちもその原因についての反省が見られないし、勇ましく立ち上がったがどう見ても野合としか思われない「合併」劇はいただけないし、いったい何党の誰に投票したら20年30年後の日本のことを真剣に考えてくれるのかサッパリ見当がつかない。

　政治家は現実的理想主義者であってほしいと思う。理想のためには腹芸すら使いつつ前進していく大きな器量の持ち主でなければならない。残念ながらちょっと見当たらないな。他党のことを声を荒げて批判する各党首の演説はその表情からして醜い。一度自身でテレビのニュース番組を御覧になったら良

員まで出てきた。困ったことだ。反知性がますます拡大していく。が、政権の支持率はさほど下がらない。理由は経済に期待する人たちが少なくないためだろう。

　勇ましいことを言っている人たち、その方たちの武士道は地に堕ちた。日本の対米従属性をますます拡大し、独立性を減じた。「忠犬ハチ公」は存分に利用されるだろうが、決して尊敬されないに違いない。

いだろう。

昨年の3・11が私たちに与えてくれたのは新たな文明観世界観を生む最初で最後のチャンスかもしれない。ことにエネルギー問題に関して我々が旧態依然の選択をするなら、それは更なるカタストロフを覚悟するということである。かといって再生可能エネルギーの道も平坦ではない。ドイツでは電気代が上がり続けている。いずれにせよ楽なことではないが、破壊の痛みに耐え続けるより創造の苦しみを受容する方がずっとマシではないか。先の長い夢を辛抱強く追うのだから。

この10年来、ことに3・11以降、僕は明るい器楽曲が書けない。その反動だろうか、明るい歌を少なからず作曲してきた。このほど作った来年のNHK学校音楽コンクール高校の部の課題曲もそうしたものの一つだ。作詞の文月悠光さんはまだ大学生。思春期青年期特有のさまざまな感覚が鮮やかに込められている。

文月さんと僕とで作ったこの合唱曲が東日本で、福島で、沖縄で、そして日本全国で、どのように高校生たちの心と交わり、結ぶのか、不安と期待のまじり合った気持ちでいる。

この曲の放送発表は来年の2月。新しい内閣がより佳き未来に向かって然るべき舵をとってくれているように、今はただ祈るのみだ。もちろん投票には行きますよ!

この年の3月に連載が終わる。これを記している今は震災の5年後の2016年。

私たちの愚かさが向こう100年、立ち入れない地域を福島につくってしまった。その反省は生きているのか。

最終稿では憲法にも触れている。その3年後の現在、政権は「改正」を高々に唱える。与党内部は「言葉狩り状態」という話も漏れ聞こえてくる。イエスマンばかりでなりたっている政権ってなんだか、コワイ！ ですね。

より佳き場、より佳きものを求めて生きていきたいと思う。ここでいう「佳き」という言葉の実体を奪わないでいただきたい、と切実に願う。言葉がますます空疎に、実体のないものに向かっているのを止めましょう。

音楽の場には「ほんとうのもの」しかないのです。

2013年

フクシマ忘れまい

己、巳、已と三つの似て非なる文字がある。最初のは自己の己。2番目のは已降の已だが、今は以降と書かれるのがほとんどで、この字は使われなくなっている。最後の巳は今年の干支で、この蛇をかたどる文字は思い思いにデザインされて今年の年賀状に使われたことだろう。

日本画家のKさんからいただいた賀状は、謹賀新年と記された短冊に黒蛇がとぐろを巻いているという絵柄で思わずうなった。短冊の文字も蛇の絵も実に見事。これこそプロ魂の発奮！　ではあるが、毎年苦心されていることだろう。いい加減なものは沽《こ》券《けん》に関わる、に違いない。そういえば洋画家のYさんも凝ったデザインの賀状を毎年くださる。

2013.1.19

日の出

▼大中恩さんは実は大変にお世話になった先生で、東大在学中は先生の主宰される「コールMeg」という混声合唱団で3年間歌い続けたのだった。先生の生活はほぼすべて「Meg」中心で、合唱の全国大会の審査なども合唱団の都合と合わなければ断ってしまわれるのであった。

入団して2年目の夏、多少ホームシック気味の僕は名古屋へ帰省する旨、団を通じて

当方はまったくの無努力（笑）。東急ハンズへ出かけていってデザインを選び注文する、これはたぶん努力のうちには入れてもらえまい。プリントごっこ（古いですね）の頃は自分で制作してみたものの、あまりパッとしないので3年くらいで止めてしまった。

さて、僕なぞが書く年賀状はせいぜい400枚くらいだが、つき合いの広い方は1000枚を超えることだろう。故阪田寛夫さん（作詞家、小説家）から「疲れましたので本年をもって年賀状を終わりにさせていただきます」という賀状をいただいた時、はっと胸を打つものがあった。労力と体力の限界を告げておられるわけだ。思わず「お疲れ様でした」とつぶやいた。そのわずか数年後に亡くなられることになるとは当時思いもよらなかった。その従兄弟お知らせする。やおら下宿に電話がかかってくる。「ステーキ御馳走するからサ、もうしばらく東京にいてよ」合唱団の愛し方がハンパじゃないですね。団員のほとんど全員が、なにかにつけて電話をもらっているはずである。めぐちゃん（僕たちが呼ぶ時の愛称）は合唱団の在り方をほんとうに良くわかっておられたとあらためて思うのです。

で作曲家の大中恩さんはバリバリに元気。昨年は米寿記念の合唱演奏会で指揮をされていた（ちなみに《サッちゃん》は阪田作詞、大中作曲の名曲です）。「もういくつ寝るとお正月」が全身の実感であった子どもの頃（クリスマスからお正月までの長いこと！）からン10年も年を経ると、もはや年末年始に格段の興を覚えないのは自分が鈍磨した証かもしれない。が、今年は友人の誘いを受けて初日の出を見に出かけた。生まれて初めてのこと。場所はなんと六本木ヒルズの展望台デス。海抜２５０メートル。午前６時52分、東京湾の向こうから日の出が始まる。が、残念ながら雲にはばまれてお日様の形ははっきり見えない。でもなんだか清々《すがすが》しい気持ちになった。そして反対の西側を見ると富士山がクッキリと見えるではないか。展望台は３６０度のパノラマだったのです。「日の出ショウ」の料金は３０００円也。高い!?

世の中を「パノラマ」で見渡すことは難しい。小選挙区制の魔術が政権与党を生んだ。私たちの日本がこの先どこへ向かって舵を取っているのかとても気になる。誰かに任せたいが任せたい人がいない、というのが国民の実感かもしれないと僕は今回の選挙で思った。

年明けに和合亮一さん（詩人）との対談。「詩と音楽と震災」をテーマに私たちの今と明日を語り合った。フクシマだけで16万人もの方々が避難生活を強いられていることを決して忘れてはならない。

もっと大きな視点から

昨今の中国の大気汚染はすさまじい。ＰＭ２・５などの濃度が異常に高い。この微小粒子状物質を髪の毛の直径と比較した図によれば、ＰＭ２・５は直径に比して「点」のような大きさで、これでは吸い込んだら最後、肺のすみずみにまで入っていくのではないか。

　この粒子やら黄砂やら、はては香港カゼなども大陸から到来し、ついに我が列島にて潰《つい》える。が、いずれも真っ先に九州に上陸するので、当地の方には迷惑千万といったところでありましょう。間違っても原発事故などは御勘弁願いたい。

　とは言うものの、かつては、つまり古代に大陸や半島から伝わってきたのはありがたいものばかりで

2013.2.16

音楽の今後

▼漢字、好きですね。いい感じ、などと駄ジャレてみる（笑）。とくに漢和辞典は知識の宝庫である。辞典からではなく、哲学者の今道友信先生から教わった感じがある。「義」。これは古代中国の部族の儀式でとても重要な犠《いけにえ》の「羊」を「我」が背負っている。間違ってもこの羊に何かがあってはならない。それが「義」ということである。

　なるほど！　と思った。こ

あった。仏教や芸術、政治の仕組み、はては茶碗やら箸までも。

最も大きかったのは漢字でしょう。漢文そのままで親しまれ、万葉仮名に使われ、やがては平仮名、片仮名がそこから作られることになる。

以降、現代に至るまで、我々日本人は漢字、平仮名、片仮名の中で生きてきたのである。

その輸入元の「中国」と今の「中国」は全く別な国と言っても過言ではないと言われたりするが、地理的には同じ場所にある。そして、現在は領土問題でもめている。あちら様は武力闘争も辞さない「空気」を漂わせているが、真意はどうなんだろうか。僕のような素人にははかり知れない。

国益は守っていただきたいが、武力衝突は避けていただきたい。「体を張る」のは誰か、ということの伝でいくと、「犠」という字にはさらにいろいろな意味がくっついてくるに違いない。おっと、「儀」もそうでしょうね。

アルファベットとは全く種類の違う内容が漢字の偏や旁の上下に込められている。漢字文化の深さについてあらためて思うところ大である。

だ。

憲法9条改正のため先ず96条を改正する、という声も高くなっている。「国民の70％が憲法を変えたいと思っていたとしても3分の1をちょっと超える議員が反対すればできない」というのがその理由らしい。

これは危険な考え方ではないのだろうか。「国民の49％が変えたくないと思っていても2分の1をちょっと超える議員が賛成すれば、すぐに国民投票に持っていける」ということになる。

憲法とはそもそも少数者の人権尊重に始まったものと聞いている。「民主主義＝多数決」で良いのかといつも疑問に思う。

さてさて、一音楽家なんぞが右のようなことを言ったり書いたりしなくてよろしい、という声も聞こえてきそう。だが、できるだけ多くの人の声が上がり、議論が深まっていくのが大切なのではなかろうか。

極楽トンボのように音楽に浸っていたいと願っても昨今の状況がそうさせてくれない。が、その状況を視野に入れつつ、これからはもっと大きな視点から音楽を見つめ直していきたいと思う。

本年度のＮＨＫ学校音楽コンクール高校の部の課題曲を作曲させていただいた。この17日に放送発表。この曲を通して東日本の、そして全国の高校生と出会うことになるだろう。子どもたちの純粋に輝く眼と歌声から大きな力をもらいたい。楽しみなことである。

どこかに希望の光を

毎年3月上旬、雛《ひな》祭りの過ぎたあたりから僕の奉職する大学院大学の修了試験が始まる。一人1時間ほどのプログラムを毎日4人分、計3日間聴き続けることになる。演奏する方はもちろん大変だが、聴く方も決してラクではないですぞ（笑）。

とはいうものの、2年間の努力を精一杯ぶつけようとする若者たちの姿を見るのは実に嬉しい気持ちがする。僕自身もそこから励みの力を受け取っているのに気づく。とりわけピアノのE君がリストの《パガニーニの主題による大練習曲》（御存知〈ラ・カンパネラ〉入りの超難曲）を見事に弾き切ったのには、僕は驚きを通り越して唖然となった。「ブラボー！」と叫んだ先生もいらしたほどだ。

孤独

2013.3.16

▼何事にも始まりがあり、終わりがある。それらの単位は秒、分、時間、日、月、年。以上はもちろん人間の単位であり、大自然の単位は千年、万年、億年である。時間は澱みなく流れ、僕たち人間はそのほんの一部を「共有」し、そして去っていく。

さて、足掛け6年続いた連載の最後は「希望」で結ぶことにした。

ある詩人が言ったように

一人一人が思い思いの、そして充実した成果を上げて巣立っていく。このことはまことに喜ばしい。が、その先が大変なのだ。今や一般大学も似たような状況になりつつあるが、音大には昔から就職の斡旋がないのである。楽団員や教員募集のお知らせは掲示板に貼ってあるが、その先は自分で切り拓《ひら》いていかねばならない。だからといって誰も同情してくれない。皆、それが当たり前のことと覚悟してこの道に入り、生きてきたのである。

昨年亡くなられた哲学者の今道友信先生が「大学とは学生に希望を与える場でなければならない」という意味のことをよくおっしゃっていた。これは簡単そうで簡単ではない。

いったい希望とは何だろうか。それは学問でいえば、より真理に近づくこと、あるいは真理を発見す「人生に目的はない」のかもしれない。が、僕たちは何かをよすがに生きている。ぎらつく名誉欲、出世欲、金銭欲で生きている人はそれなりの達成に満足できることでしょう。その真逆に、今ある生をさらさらと、かすかに人の役に立てば良いと思いつつ生きている方もおられるだろう。それだって目的といえるかもしれない。

僕は自分の音楽が、文章が、「何かの役に立つ」と思って残してきたのではない。たぶ

ることから生まれるものであり、音楽でいえばより佳きものに触れる、見つける、あるいは学問同様に真理に達することから生まれるのである。「コレだ！」と思った瞬間、人は思わず声を上げるであろう。ちょうどアルキメデスが比重の原理を発見し、「ユリーカ！」と叫んで風呂からとび出したように。

学ぶ側はもちろんのこと、教える側も彼ら以上に学ぶ者としての努力を続ける。そこに希望の「接点」が生まれてくると僕は思いたい。希望は生きる力となり、そして歓びとなる。

人間は孤独である。淋しさの中に生きている。だから中原中也や石川啄木のような、人の十倍百倍淋しい詩人たちの詩や句に引き寄せられるのではないだろうか。彼らにとって詩が人とのつながりを確認する唯一の術《すべ》であったのと同様、私たち音楽人は音

ん、呼吸、排泄と同様な「生命活動」の一部なのだ。この「活動」の意味とか意義は自分ではわからない。読者の皆さんの判断に委ね、本稿を閉じることにしよう。

楽を糧として生き、音楽を通して人とつながることを無上の歓びとしている者たちである。そのことをもう一度思いたい。

誰にでも失意・失望の時期があることだろう。場合によっては絶望さえ味わうこともあるかもしれない。3・11以降、僕は人間性というものに絶望を感じつつ生きてきたけれど、どこかに希望の光を見つけ、自分なりに生きてきたと思う。ここに記したことどもを自らに言い聞かせつつ、世の中に出ていく人たちに、この稿を贈りたい。

合計64回、「音・人・出会い」の最終稿となりました。またお会いしましょう。

本エッセイは、毎日新聞西部本社版2007年12月15日号〜2013年3月16日号
掲載の「音・人・出会い」をもとに、大幅に加筆をおこなったものです。

新実徳英＋和合亮一　対談

言葉と音楽の邂逅——創作のインスピレーションから《つぶてソング》まで

東日本大震災で被災した福島から、Twitter上でその混乱と恐怖を「詩」として言葉で発信し続けた詩人・和合亮一。その「つぶやかれた」ばかりの数々の「詩の礫」につき動かされ、優しさ、悲しみ、怒り、歓びを歌う《つぶてソング》が生まれた。詩人・和合亮一、作曲家・新実徳英、二人の対談は、お互いの創作活動を真摯に見つめ、これからの福島、日本の展望を描き出そうとする。

(2014年7月4日、鎌倉芸術館にて／構成：zoSoh)

和合亮一　Ryoichi Wago

詩人
1968年8月18日生まれ。中原中也賞、晩翠賞などを受賞。東日本大震災の直後からTwitter上で『詩の礫』を発表。詩集やエッセイ集、絵本の制作、作詞や講演・朗読活動など。新しい国語や音楽の教科書・準教科書などに、震災以降の作品が掲載される予定。吉永小百合さんの新朗読CD『第二楽章』に作品がおさめられたことで話題に。NHK復興サポーター。福島県教育復興大使。フランス『ZOOM JAPON』誌にて震災後に期待する日本人のひとりに選出。

◉現在進行形の《つぶてソング》

新実　最近《つぶてソング》がどこでどのように歌われているのか、自分がやっているところを除けば、あまり知らないんです。

和合　そうなんですか？　私のところには全国、いろいろな演奏会の招待状をたくさんいただきます。感謝いたしております。

新実　あらら、なんでウチに来ないんだろう（笑）。ともあれ、この歌集の「寄り添う気持ち」というのに共感して、それを表明できるということで、皆さん歌われるのでしょう。どういった演奏会で歌われているのですか？

和合　多種多様ですね。コンサート・ホールでのものもあれば、学校で歌っているだとか。今度私の赴任先の学校でも歌ってくださる予定です。福島では、合唱の好きな方々が《つぶてソング》の中の1曲を、演奏会や発表会の中で取り上げるということもあるようです。YouTubeで「つぶてソング」と検索するとかなりの数の動画があって、それだけ歌ってくれる方々が多いというわけですよね。この夏休みにも「演奏しました」というお便りを何枚もいただきましたし、今もなお多くの方が歌ってくれているということを、実際に肌で感じています。あと、実は私、学校ではバレーボール部の副顧問をやっているのですが（笑）、その練習試合でお会いした相手の中学校の方が「自分の学校でも歌っている」と教えてくれました。《つぶてソング》自体がもう一人歩きをしているというか、皆が共有しているという印象で……、新実先生には本当に感謝しています。

新実　教育出版さんが作っている高校2年生の音楽の教科書に、《つぶてソング》の中の1曲〈あなたはどこ

に〉を掲載してくれたんです。そういうことも、この歌が広がっていく機会になればいいですね。

和合　私は特に、いわゆる「言葉に関わっている」ひと以外の方々の反応が返ってくるということが実に新鮮で、自分が何か教わっているような感じがするんです。歌を歌う方々の、作品や言葉への向き合い方というのは、文学の人間のそれと全然違います。あるいは、演劇をやっているひとのそれとも違う。そうした言葉との「未知の距離感」を新たに教えていただいているんですね。

新実　言葉は言葉、音は音でそれぞれあるわけだけど、言葉と音が一体化して、つまり「歌」になったときに、1+1=2ではない、何か別なものになるんです。それが大きなポイントですよね。以前和合さんとお話しさせていただいたとき、「(旋律が付くと)言葉に翼が生えて飛んでいくみたいな気分ですね」と仰いましたが、なるほどと思いました。

和合　色々な方の《つぶてソング》を聴いていると、自分が届けたいと思ったものが様々に変容してくるし、あるいは新実先生が数多くの『詩の礫』の詩からこれを選ばれたのはどういうことなのか、ということをじっくりと考えさせていただく時間ができますね。

新実　例えば〈あなたはどこに〉の「あなたはどこに居ますか。」という言葉はひとつの詩から選んだんだけど、中間部に出てくる「命を賭けるということ。」というのは全く別な詩の言葉であったりして……、『詩の礫』の中の詩を自由に組合わさせてもらいました。これらはTwitter上で綴られたために短いこともあって、柔軟に組み合わせることが可能で、なおかつそのほうが面白いと思ったわけです。あと和合さんにも了解をいただけましたので。

和合　ある時、新実先生から歌詞の状態になったものを読ませていただいたのですが、流れがまったく自然で、どこをどのように先生が「編集」したのか、自分でもわからないくらいだったんですよ（笑）。《つぶてソング》の以前にも、私の現代詩に曲をつけていただいてます《宇宙になる 三つの愛のかたち》〔混声合唱とピアノのための作品／2010〕。初めてお会いしてからもう7、8年になりました。

新実　あの曲はたしか『地球頭脳詩篇』〔思潮社／2005〕の中の詩でしたね。

和合　その通りです。《宇宙になる》の初演を大阪のザ・シンフォニーホールに聴きにいきました。自分の作品が合唱曲になってそれを実際に聴いた初めての体験だったんですが、ナマの合唱の肉感と言いますか、底力と言いますか、すごく巨大なエネルギーを感じて、心臓が痛くなってしまうような気がするほどでした。

◉創作、「闇」の世界

和合　新実先生が書かれた《風神・雷神》〔和太鼓とオルガンとオーケストラのための作品／1997〕のCDを以前から聴かせていただいていまして、今回お会いするのに際して聴きなおしてみました。ちょうど梅雨時の福島の風景を見ながらだったこともあってか、自然の深淵さ、それへの畏怖を強く感じました。ちょっとわかりやすい例えで言うと、私の大好きな宮崎駿の映画『もののけ姫』の最後の場面で荒ぶるシシ神のような。あるいは、これはいま特に強く感じるのですが、幼少の頃、外で友達と遊んだ帰り道に降られた雨や、燃え上がるような夕焼け、捕まえてあやまって死なせてしまった昆虫や魚、そういったかつて自分が体感していた福島の自然、畏怖のような郷愁のような……、そうしたものをこの曲の旋律に感じたんですね。

私は萩原朔太郎［詩人／1886～1942］の『月に吠える』［1917］と『青猫』［1923］という詩集が大好きで、大学の卒業論文もこれがテーマだったんです。その中で彼は「ふるえる」世界を書いている。竹の葉がふるえる、何かの線がふるえる、心がふるえる——その「ふるえる」という言葉がたくさん使われています。それにはどこか、身近な自然への生理的な恐怖心が根っこにあって、そこから突き動かされる新鮮なイメージが不可分に結びついていると思うんですね。それと同じような印象を、新実先生の作品にも持たせていただいたんです。

新実　朔太郎は不思議な感覚の持ち主ですよね。いやあ、比較してもらっちゃって光栄です（笑）。

仰った「自然への畏怖」ということについては、一つ、この曲に使われる和太鼓が大きな役割・意味を持っているのではないかなと思います。太鼓のひと打ちが何か神々しい、自然への畏敬の念のようなものを想起させる力を働かせるのかもしれないですね。あと、もう一つ大きい役割を担っているのはオルガンでしょう。まさしく大地の霊が湧き上がるような、地底から声が響いてくるような、なにか迫ってくるものがあると思います。でも、それは僕の力では決してなくて、楽器そのものの持っている生命力が、僕の曲の中でその在り処を求めて動き回った結果なのでしょう。

和合　例えば、その他の文学作品では、高校生が必ず読む中島敦［小説家／1909〜1942］の『山月記』［1942］や芥川龍之介［小説家／1892〜1927］の『羅生門』［1915］などに朔太郎の作品との共通性を見出すことができるのですが、それは「闇の世界」だと思うんです。「闇の世界」とは決して薄気味悪くて暗いという印象ばかりではない。どちらの作品でも、主人公に「闇」の中で転機が訪れます。この「闇」への眼差しと言うのは、可視を見る、可聴を聞くのではなく、不可視を探し、不可聴のなかで見えざるもの、聞こえざるものを探り当てるという意味合いが強いと思うんです。そこにこそ、なにか本質的なものがあるという。新実先生の作品には、積極的にこうした「闇」を招くようなエネルギーを感じました。そこでは音が等速で進んでいくのではない、独特の滞空時間があって、時には逆戻りしたりする自由さがあるような気がします。

新実　フラフラしてますからねえ（笑）。

先ほど「闇」という言葉が出てきましたが、私は作曲

する段階で「全ての音をいったん音の闇に返す」、周りから音を消してしまうことを意識しています。その、音のしじまから何が聴こえてくるだろうと耳を澄ます、という姿勢でいるわけです。《風神・雷神》はそうした過程で生まれたのかな。でも一方で、同時に明るい大自然から何かを受け取りたいところもある。黎明の森や山、夜の星空から何かが降ってくるような感じ。

「音の闇」とはとても思念的なもの、抽象的な観念だけど、全ての音を闇に預けると一度浄められるような感じがしますね。宮沢賢治［詩人・童話作家／1896〜1933］の短編『狼森と笊森、盗森』［1924］にも似たようなエピソードがありましたが、ある種の浄め、そこから何を捉えることができるか、ということ。作曲、イメージのはじまりはこういうことなのかと、しきりに思ったこともあります。現代はなにしろ周りに音が溢れていますから、こうしたことを念頭におくのはとても大事なことなんだと思います。

和合　御自身のエッセイ『風を聴く 音を聴く――作曲家がめぐる音宇宙』［音楽之友社／2002］というタイトルにも、そうした思いが込められているのでしょうか？

新実　そうですね。

◉閃き――音／言葉が「降ってくる」とき

和合　私の場合、毎日必ずやっていることは、朝起きて、そこで最初に浮かんだ言葉をそのまま書き留めるということです。一番最初に自分の頭に「降ってくる」言葉ですね。谷川俊太郎［詩人／1931〜］さんは、自分には無意識しかなく、無意識のうちに浮かんできた言葉を書く、それを待っているしかないんだ、というようなことを仰っています。

現代はあまりに音に溢れている、言葉に溢れている、つまり記号、情報に溢れている。そんな中で書きとめられた音、旋律というのを、先生はどうやって見つけることができたのでしょう？　例えば、どこか特定の場所、空間をテーマにした曲の場合、その場所に実際に行かないと見つからないのか、あるいは例えば新宿の人ごみの中にいてもイメージが立ち上がるものなのか……。

新実　それは音も同じ、「降ってくる」のを待つものなのかもしれません。私も朝起きてぱっと浮かんだ音をメモしたりします。そうしたきっかけがないと、先が始まらない。ただ、面白いことに、その先をどうしようか色々考えて煮詰めていくと、何か生まれることもあるけど、生まれないことのほうが多い。そこで、いったん距離を置いて放っておいて、頭の中を空っぽにする。すると、いきなり閃いたりするわけです。僕はそれを「空《くう》の器」と言っています。一度空っぽにしないと何も降ってこないんだと思うわけです。

和合　以前、先生は合唱曲について「子供たちがすぐ覚えて歌えるようなものがよい」ということを仰っていて、私の詩に耳なじみの良い旋律をつけてくださいました。一方、現代曲を書かれるときは、現代詩の言葉で言うと「読み手を裏切る」ような、あえて聴き手がイメージしやすいものと違う方向に持っていくようなことを強く意識されているのでしょうか？　また、その旋律というのは、先生のどこからやってくるものなのでしょうか？　これはつまり、個人の生む音楽とは何なのかということに繋がっていくと思うのですが。

新実　音楽の創作はやはり、人それぞれの体験が根源にありますよね。一度体に入ったものが、どのようなかたちで体から出ていくのかということです。だけど、それを〝意識的に自分の中から探す〟よりも、やはりそれが「降ってくるの」を待つ、閃きを待たなくてはなりません。だから、それがないと曲は書けません。以前、谷川雁［詩人／1923～1995］さんと《白いうた 青いうた》［ピアノ伴奏による53曲の歌集／1989～1995］を作った時は、《つぶてソング》とは逆で、詩が先にあるのではなく、曲が先行して作られました。

書こうとする、つまり企んでいる間は、神様は何もくれないんですよ。そこで先ほど言った「空の器」。無心でいると、神様がご褒美をくれるのか、どこかから音が湧いて出てくる、そんな感じなんです。特にメロディ・ライティング。ソングや合唱曲の旋律を書くときは、それが降ってこないと困っちゃうんですね。詩が先にある場合は前もってイメージをもらえるわけですが、先に旋律を書く場合は、逆にそちらがどんどんできてしまって、あとでどの詩が当てはまるだろうと考えなくてはならない作業になることもあります。他の作曲家の方々もやはり音が「降ってくる」んだと思うんですが……モーツァルトみたいに次から次に降ってくればいいんですがね（笑）。

和合「空の器」のお話で思い出したのですが、小室等［フォークシンガー／1943～］さんはギターをとても練習する方で、一度イヤになるほど練習して、しばらく楽器から離れて、それでもう一回楽器を練習しなおして、ようやく人前にたてる、ということを対談させていただいた際に仰っていました。つまり、演奏家の方の場合は、一度できあがったものをクールダウンさせて、空っぽの状態でもう一度向き合ったときに新たなインスピレーションが「降ってくる」のかなと思ったのです。別な意味での閃きと言えるでしょうか。先生は一度降ってきた音について、それをそのまま「完成形」とされるのでしょうか？

新実　いえ、推敲を重ねますよ。ピアノで弾くと納得がいくけど、自分の声で歌ってみると納得いかない、ということがあります。声という肉体そのものの生理とうまく付合しない場合は、それを受け止めてあげないといけない。谷川さんと曲を作っていったときは、そうして作った音にこんな詩がノルのかという驚きばかりで、とても勉強になりましたね。

◉「霊性」の在り処

和合　私はそうした閃きというものが、何かこう生きている証そのもののように思えるんです。萩原朔太郎はそれをドストエフスキーから学んだのですが、そうした閃きを「霊性」なのだと言っています。モノを書く「霊性」というのは、私としては、それこそが生命の証、躍動感を伝えるための何かに有機的に繋がっていると思うんです。先生は「霊性」という言葉にどのようなことを感じられますか?

新実　かつて鈴木大拙［仏教学者／1870~1966］が「日本的霊性」という言い方をしていましたね。

私は「自分は縄文神道です」と嘯くこともあるのですが、すべてに生命が宿っているという感覚が、自分自身に強くあることを自覚しています。年に2~3ヶ月を蓼科に住むようになってからは、それが特に強くなりました。それまでは、音楽というものは自分で作らなくてはいけない、という観念が強かった。頑張らなくてはいけないという。でも違った。「もらうもの」なんだと思うようになりました。自分の周りにこれだけたくさんの生命がいて、それぞれに霊性があって、そういうところに住んでいるんだから、それらから多くのことをもらうことができると思ったんです。霊性という言葉だけとると少しオドロオドロしいかもしれないですが、もっとシンプルな、みんな生きているんだというところから立ち上ってくるもの、そうした賑やかなものに「霊性」をイメージしますね。喜びが溢れて楽しい感じですよ。

和合さんの詩というのは、解説しろと言われても僕にはまるでできないのだけど（笑）、なにしろ言葉が踊っている。大自然の中であらゆる生物が躍動するように、言葉が踊っているんですね。初めて詩を読ませてもらったときは「これはとんでもない詩人がいるぞ」と思ってね、これをぜひとも音でつかまえたいなと。それが《宇宙になる》を作曲した時の想いです。

◉「3・11」以前と以後の変化

新実　福島市の市制100周年の記念讃歌を作った際に、こうした曲の詩はみんなが歌っていて「いいな」と思える詩じゃなきゃいけないよ、と和合さんに言ったことがありましたが、《つぶてソング》にはこのことがどこか繋がっている気がするんですよ。震災以前の詩には、記念讃歌のようなやわらかい詩をあまり書かれなかったのではないですか？

和合　そうですね。どちらかというと難解な印象を与えるものが多かったかもしれません。やわらかな言葉、例えば「雲のあしあと」という言葉に、新実先生が「こういうのがいいんだよ」と仰ってくださったのを今でも覚えていますね。それから多くの場面で皆さんがその曲を歌われているシーンに立ち会って、こうした言葉が「伝わる言葉」なんだなと強く認識するきっかけになったんです。実際にたくさんの子供たちが喜んで歌ってくれているわけで。

新実　その曲から3・11までの創作活動においては、現代詩を中心に執筆されていたんですか？

和合　はい。エッセイはずっと書いていましたが、つまりは現代詩の読者に向けて書いていたわけです。ただ、『詩の礫』以降の口語体の作品とそれまでの現代詩は、自分の中では変わらず存在し続けていたものなのですが、周囲の人からの反応を多くいただくようになりましたね。

新実　僕の中でも合唱曲と現代曲が並存するそのスタン

スのようなものは変わらないんだけど、3・11の時に取りかかっていた弦楽四重奏曲第2番《Asura》［2011］という曲は、ずっとテレビをつけっぱなしにしながら作曲作業を続けるというちょっと特殊な体験から生まれた曲で、次々に流される被災地の映像、被害状況や様々なコメント、原発事故に全然対応できていない、隠し事がたくさんあることへの驚き、恐怖、怒り、悲しみ、そうした感情が一気にこの曲を書き上げたんです。そうした人間の心の奥底にある辛いものとか暗いものを描かないといけない、ということは以前から思っていて、私の現代曲には通底しています。曲のスタイルも変わりませんし。3・11を契機とするならば、やはりよりわかりやすいところで《つぶてソング》のようなものが生まれたということでしょうか。

そういう意味でスタンスに変わりはないのですが、3・11以降、震災によるあれこれを意識せずに作品を作ることが難しくなったというか……、この曲を聴いた人の心が少しでも穏やかになればいいなとか、どこかそういうことを思うようになりました。そうしたこととは無関係に、芸術至上主義的に美しいものを追い求めるのもよいと思うんですが、自分はそれができなくなってしまって、いつも「思う心」がどこかに入り込んでくる、それがいちばん大きな変化なんじゃないかな。

和合さんは『詩の礫』から『廃炉詩篇』［思潮社／2013］を書かれるまで結構時間がかかったのではないですか？

和合　3年たっていますね。それまでに『詩の邂逅』［朝日新聞出版／2011］『詩ノ黙礼』［新潮社／2011］の2冊、その翌年にまた2冊の詩集を出版したのですが、『廃炉詩篇』はずっとそれらと同時に取り組み続けていて、震災前の2年間と震災後の3年間、計5年かけて編んだ現代詩集です。最後に『誰もいない福島』を載せています。震災後の3年間で、ようやく現代詩を書く器が自分の中に形成されてきたと思うんです。現在は『孤独詩篇』というものに取りかかっています。孤独、孤独死をテーマに短い詩を集めて1冊にしたいと考えています。

◉福島の現在――「風化」との闘い

和合　Twitter や Facebook に書く詩は、書けばすぐに読める人は読めるものなんですが、考えてみると毎日締め切りがあるような感じがして（笑）。最近やっと、すぐに詩をリリースするのと、自分の中で詩を寝かせるのと、二つのバランスをとることができてきました。自分の中でこれからよりはっきりしてくると思うのですが、「作品とは時間という比喩を込めること」だと最近自覚してきたんです。

新実　目の前に葡萄を差し出して食べさせるのと、熟成してワインにして飲ませるのと、ちょっとそれに似てるような印象を覚えました。時間を込めることとは、自分のなかで熟成させることですよね。

和合　ええ、そうですね。あと、先ほど先生がご自身の作品のスタンスについて仰られたように、自分の作品のテーマはつねに「福島」なんです。福島の自然にある。一部の批評家の方には「売れようとしてやってる」みたいなことを言われましたけど（笑）、そうではなくて一貫したテーマなんですね。そこが偶然にも、史上最悪の原発事故の舞台となってしまい、今日まで様々な問題が一向に解決されない地域として存在しているわけです。現在も被災された方々にインタヴューして回っているのですが、震災直後のときとは変わった別の問題が顕著になってきたと思うんですね。それを象徴するのが「孤独死」です。

もう一度、いまものを作る人間として、その熟し方が「試される」時を迎えているのだと思います。熟し方が震災前と同じじゃないかと言われてしまうのか。自分としては、震災前と何が変わって何が変わらないのかもっと見極めたいんです。

新実先生の《つぶてソング》というのは、自分のそうした疑問を数え切れないくらい解決して導いてくれた存在の歌なのですが、その中で最も先生から教わったことは、「風化」との闘い方です。例えば、ある大臣の「最後は金目でしょ」という発言は象徴的で、福島の人をもう一度傷つけた言葉でした。ただ福島の中においても、当時のことを忘れたいという人と、忘れたくない、忘れられないという人の温度差がかなりあります。どちらかというと若い方々は新しいところに住んでそこを故郷とするんだと言うけれど、その親は以前いた場所に戻りたいという。そこで対立が生まれているんです。一方、仮設住宅には1ヶ月の間1度も家から外出しないというご老人たちがたくさんいらっしゃったりするんですよ。

福島の内側でも外側でも、こうした温度差はどんどん鮮明になっていくことでしょう。そんな中で、先生が作ってくださった《つぶてソング》は、震災直後の我々の気持ちを新鮮なまま作品の中に宿してくれて、それをいつも目の前に置いておくことが出来る。何度でもその作品の力を信じることができると思うんですね。

新実　僕はとにかく風化させてはならない、エールを、寄り添う気持ちを送り続けたいということで動いたんです。最初はちょっと悩んだんですね。一作曲家としてこうした歌をつくるということはどういう意味があるのか、ということ。何かの役には立つかもしれないが。でも、どうしてもいたたまれなくて、やらずにはいられないという気持ちのほうが勝っていきました。この《ソング》がマルかペケかなんてことは超えてしまって、もうやるっきゃないんだと思ってやったんです。

でも、正直なことを言えば、早くこの歌が笑い話になればいいなと思うんです。復興が進んで、そういえばこんな曲もあったねといって歌ってくれるような。いまのままだと、あと何十年かかるかわからないですが。では、どうやって風化する現実と闘っていくか。

若い人が「福島」を忘れたいと思うのは、よくわかります。しかし、同時にやはり忘れてはいけないと思うのが、あの大惨事です。それにしっかりと向き合っているものをちゃんと残していくのが、それを体験した大人としての責任なんじゃないかなと。どんな形でもいいからそれをやっていかなくてはいけないというのが僕の考えです。

◉タブーを打破し、未来への舵をとる

新実　実はいま、2016年が震災から5周年ということで、震災をテーマにした交響詩のようなものを作曲する予定なんです。仮のタイトルは《祈ル・祀ル・鎮メル》。第1章には《風神・雷神》を持ってきて、それに続く形で合唱とオーケストラの曲、さらにそこに岩手の伝統芸能「鬼剣舞」を盛り込んで、あわせて50分くらいの交響的作品を作ろうと思っています。《風神・雷神》はすでにある曲ですが、これは神様を呼ぶ音楽。その中で人が祈る、鎮める、舞う。復興を祈念する、未来への力をもらえるような作品にしたいと思うんです。

和合　私が『廃炉詩篇』で震災前の作品を組み込んだのは、「その時点ですでに何かが起こりそうな兆しが見えるから」と周囲の人や編集者の方に言われたこともあったからなんです。この1冊の中で、震災前と震災後も変わらないものというのが描けたかもしれません。先生のその作品を聴いて《風神・雷神》に同じような「兆し」を聴き取る方もいらっしゃるかもしれませんね。

新実　なるほど。そうかもしれません。あと、やっぱり僕はこの新しい曲で「破壊」を描かなくてはいけない。

和合　よくわかります。私は震災直後、放射能と余震に不安を抱いて毎日過ごしていたなか、部屋でテレビを見ることしかできなかったときに、ベートーヴェンの《第9》を……、来日したズービン・メータの指揮による演奏を観て、涙が止まりませんでした。その後『詩ノ黙礼』にそのことも書かせてもらいましたが、津波の映像と《第9》の映像がシンクロして、「破壊と再生」が言葉を超えて迫ってきたんです。

いま現在、福島についてもっとも書かれ描かれていることは「復興」なんですけど、津波や地震といった「破壊」をもっと描いてよいと思うんです。それらが描かれることで、我々はより強くその惨事を受け止めることができるのではないかと思います。これは震災後、ずっと言い続けていることなんですが、受容しないでそのまま進んでいくのが、日本の慣習的な文化なのかもしれないなと。

新実　無責任文化、といえるかもしれませんね。

和合　日本には鎮魂の文化、レクイエムの文化が乏しすぎるんです。震災直後、《つぶてソング》の中の〈放射能が降っています　静かな静かな夜です〉を福島の方々は「あの歌はつらすぎて歌えない」と仰っていました。ただ一方で、現在でもあの詩について、「書いてくれてありがとう」といってくれる人がとても多いんですね。それと同じことが、先生が歌にしてくれたことで起こっていまして、現在あの歌は福島でもたくさんの方に歌われていますし、いまあの歌を「辛い」と感じる人は少なくなったと思うんです。もっと言えば、あの歌を歌うことではじめて、今の自分、今の福島をありのまま受け止めることができ、新しい扉を開くことができるのではないのでしょうか。タブーとされているものほど、不条理な現実に立ち向かえる力を持っていると思うんです。タブーを何かの形で、歌や言葉の力で打ち破ることで、はじめて明るさをもたらせる、未来を明るい方向に導くことができると思います。これは『詩の礫』を書いていてそう思いましたし、《つぶてソング》となってからは、新実先生の音楽にそうした力があるんだと思うようになったんです。

新実　いや、それは『詩の礫』にこそ、そういう力があったんだと思います。あの歌は本当にその情景が浮かんできますよね。目の前の辛いこと、苦しいことに対して、目を逸らすのではなくてすべてを見ること。天災と人災、そして、何が辛いのか、何が苦しいのか、その正体はこれなんだと突き詰める。そこを通らないと、次の明るい方向にきちんと向いて進んでいくことができないと思うんですよ。音楽でそれがどこまでできるのかまだわからないけれど、辛い部分を描かなくてはいけない。《第9》ではないけれど、歓喜に向かうためには、やはり苦悩と向き合わなくては。

和合　福島の小学生が書いた作文で「この震災の問題は自分が大人になっても、自分の子供の代になっても、孫の代になっても、解決できないかもしれない。だったらそれを孫の代にまで伝えていかなくてはいけない。そのために自分は勉強をしたい」という内容のものがありました。この《つぶてソング》は、そうして次代にも引き継いでいける「震災の記憶」になったと思います。だから、ぜひ子供たちに歌い続けてほしいですね。そうした力を、この歌は大きく宿していると思います。

あとがき

64回にわたって記した小作文をまとめたこの本が何であるのか、あり得るのかは自分にはよくわからない。

愉快に、「ウフフ……」「オヤ？」などなど、気楽に読んでいただければ本望！　でも2011年4月以降は何を書いても頭の片隅から震災のことが離れることはなかった。震災のことを忘れないために作品に付け始めたA.E.番号がこの本のタイトルの一部になった。その意味では震災と切り離せない「存在」であるが、だからといって何かの役に立つなどとは思ってもいない。ごくささやかな僕の気持ちの表明が随所に見られるだけである。

でも、でもね、それらのささやかな想いをどうしても伝えたくてこの本を編むことにしたのです。どの頁から読んでいただいても、当時の作文だけでも、あるいはそれを振り返った作文だけでもかまわない。カバンやハンドバッグにしのばせて電車の中やコーヒーショップで目を通していただけたら書き手冥利に尽きるというものです。

次には『音楽の魂』とでもいった本を書きたいと夢想しているが、それはいつのことになるかわからない。でも想うことが大事だ。学生たちに「想うからこそ目的に近づくのだ」と言い続けたのである。僕自身もきっといつかその本を書く、と想うことにする。

最後に一言記しておきたい。

原発の核廃棄物を受け入れないとアンケートに答えた都道府県が19にのぼるというレポートが新聞にあった（朝日新聞、２０１６年1月）。それらの自治体は原発の電気を使用してはならない、と思うがどうなんだろう。同様に米軍基地を受け入れられないというのなら、安保条約を一度破棄し、新たな関係を米国と築くべきではないかと思われるがいかがなものか（当然、安保法制も一度廃案にすることになる）。基地の大部分を沖縄に押し付けて良しとするのは、あまりにも身勝手ではないだろうか。僕たちは「より良い、佳い、善い日本」を目指して世代を超えて進んでいかねばならない、と強く思うのです。

いろいろなエゴイズムがはびこりつつあるのではないか。僕たちは、私たちは、今こそ美徳というもの、潔さというものを取り戻さねばならないと思う。

上梓にあたって、アルテスパブリッシングの木村元さん、編集担当のzoSohさんにひとかたならぬ御助力をいただいた。また連載当時の毎日新聞西部本社版ご担当の渡辺亮一さん、米本浩二さんへの感謝も併せてここに記しておきたい。

震災からもう5年が経った。復興もさることながら僕自身も遅々としか進めない。でも、進むことが大切なのだと自分に言い聞かせるのである。

2016年春　新実徳英

A. E. 作品一覧

A.E.番号
曲名
詩
編成
時間
委嘱者（団体）
初演者

1
弦楽四重奏曲第2番《Asura》
—
ヴァイオリン2，ヴィオラ，チェロ
22'
クヮトロ・ピアチェーリ
クヮトロ・ピアチェーリ〔大谷康子・齋藤真知亜（vn），百武由紀（va），苅田雅治（vc）〕

2
おくのほそ道 越の国々
松尾芭蕉
メゾ・ソプラノ，ピアノ
18'
青山恵子
青山恵子（Ms），寺嶋陸也（p）

3
つぶてソング 全12曲
和合亮一
ヴォーカル，ピアノ
35'
—
新実徳英（vo），名田綾子・浜中康子（p）

3

つぶてソング 全12曲 第1集、第2集

和合亮一

女声合唱／男声合唱／混声合唱，ピアノ

35'

—

松原混声cho，他

4

パッサカリアD

—

ヴァイオリン，チェロ，ピアノ

10'

浜中康子

加藤知子(vn)，山崎伸子(vc)，安田正昭(p)

5

女声合唱とピアノのための 夢——恵信尼さまのおたより

恵信尼

女声合唱，ピアノ

20'

萌木の会

新実徳英(指揮)，萌木の会(cho)，吉田雅博(p)

6

金管五重奏曲《神はどこに》

—

ホルン，トランペット2，トロンボーン，チューバ

7'

ブラス・エクストリーム

ブラス・エクストリーム・トウキョウ金管五重奏団

7

古代歌謡——荒ぶる神と鎮める神　ソプラノ、尺八、打楽器、弦楽合奏のための

—

ソプラノ，尺八，打楽器，チェレスタ，弦楽オーケストラ

11'

ハンブルク日独友好協会

マックス・ポンマー(指揮)，ハンブルク・カメラータ，市原愛(S)，ジム・フランクリン(尺八)

8
奏鳴の譜 II
—
尺八，17絃，25絃
30'
岡田拓山
岡田拓山（尺八），杵屋寛次郎（三味線），横山佳世子（箏）

9
サクソフォン・スパイラル
—
アルト・サックス2
15'
全音楽譜出版社
須川展也，新井靖志（A-sax）

10
室内協奏曲第2番《Terra》
—
室内管弦楽
20'
いずみホール
飯森範親（指揮），いずみシンフォニエッタ大阪

11
決意　男声合唱とピアノのための
和合亮一
男声合唱，ピアノ
30'
いらか会合唱団
清水昭（指揮），甍（cho），浅井道子（p）

12
海を想う　女声合唱とピアノのための 夢
川崎洋
女声合唱，ピアノ
20'
女声合唱団ジュディ
岸信介（指揮），ジュディ（cho），法嶋晶子（p）

13
ふと口ずさむ　女声合唱とピアノのための
和合亮一
女声合唱，ピアノ
20'
うたびと“風”のつどい
片山みゆき（指揮），うたびと“風”のつどい（cho），中館彩子（p）

14
おくのほそ道 越の国々　女声合唱とピアノのための
松尾芭蕉
女声合唱，ピアノ
20'
八ヶ岳合唱セミナー
新実徳英（指揮），八ヶ岳女声 cho，寺嶋陸也（p）

15
いま！　女声合唱とピアノのための
まどみちお
女声合唱，ピアノ
23'
女声合唱団コールサルビア
岸信介（指揮），コールサルビア（cho），法嶋晶子（p）

16
《梁塵秘抄》より　遊びをせんとや生まれけむ（女声版）
『梁塵秘抄』による
女声合唱，ピアノ
15'
女声合唱団 彩
栗山文昭（指揮），彩（cho），寺嶋陸也（p）

17
決意　混声合唱とピアノのための
和合亮一
混声合唱，ピアノ
30'
松原混声合唱団
清水敬一（指揮），松原混声 cho，松原望（p）

18
トランペット・ソナタ　トランペットとピアノのための
—
トランペット，ピアノ

20'
全音楽譜出版社
曽我部清典(trp)，寺嶋陸也(p)

19
いつまでも いつまでも
立原道造
女声合唱／男声合唱／混声合唱，ピアノ／管弦楽
4'
愛知県合唱連盟
藤岡幸夫(指揮)，名古屋po，愛知県合唱連盟所属団体

20
ここにいる(NHK全国学校音楽コンクール課題曲)
文月悠光
女声合唱／男声合唱／混声合唱
5'
日本放送出版協会
＊NHK全国学校音楽コンクール高校の部課題曲

21
憶良の詠へる　女声合唱とピアノのための
山上憶良
女声合唱，ピアノ
15'
栗友会
栗山文昭(指揮)，寺嶋陸也(p)，栗友会(cho)

22
会津坂下町立坂下東小学校校歌
和合亮一
合唱(斉唱)
3'
会津坂下町
—

23
会津坂下町立坂下南小学校校歌
和合亮一
合唱(斉唱)
3'
会津坂下町
—

24
おくのほそ道――みちのくへ　歌曲
松尾芭蕉
テノール，ピアノ
20'
田中良夫
田中良夫(T)，三浦絵理(p)

25
明日　女声(児童)合唱とピアノのための
佐々木幹郎
児童合唱，ピアノ
4'
NHK 東京児童合唱団
大谷研二(指揮)，NHK 東京児童 cho，斉木ユリ(p)

26
風を返して 土を返して
和合亮一
混声合唱，ピアノ
6'
関西合唱団
山本恵造(指揮)，関西 cho，石田瑞枝(p)

27
祭典 Si ――宇宙、樹、風――
—
管弦楽
6'
サントリー音楽財団
杉山洋一(指揮)，東京都 so

28
弦楽四重奏曲第3番
—
ヴァイオリン 2，ヴィオラ，チェロ
12'
—
クヮトロ・ピアチェーリ〔大谷康子・齋藤真知亜(vn)，百武由紀(va)，苅田雅治(vc)〕

29
ラ・ヴァルス F　サクソフォンとピアノのための
—
アルト・サックス，ピアノ

16'
全音楽譜出版社
須川展也（S），中村真幸（p）

30
奏鳴の譜 III——水底から
—
三絃，箏
25'
本篠秀慈郎
本篠秀慈郎（三絃），野坂操寿（二十五絃箏）

31
月に詠ふ——芭蕉の句による　混声合唱とピアノのための
松尾芭蕉
混声合唱，ピアノ
20'
東京大学合唱団コールアカデミー
有村祐輔（指揮），東京大学音楽部choコールアカデミー

32
アヴェ・マリア…ヴィルゴ・セレーナ　児童（女声）合唱とブラスバンドのための
—
児童（女声）合唱，ブラスバンド
9'
浜松文化振興財団
平山律明（指揮），浜松市立南陽中学校，ジュニアクワイア浜松

33-1
英霊たちの歌　混声合唱とピアノのための
和合亮一，角田英一
混声合唱，ピアノ
13'
関西合唱団
新実徳英（指揮），関西cho，門万沙子（p）

33-2
英霊たちの歌　女声合唱とピアノのための
和合亮一，角田英一
女声合唱，ピアノ
13'
女声合唱団 滄溟
清水敬一（指揮），滄溟（cho），吉田慶子（p）

33-3

英霊たちの歌　男声合唱とピアノのための

和合亮一，角田英一

男声合唱，ピアノ

13'

コールフリューゲル

清水敬一（指揮），早稲田大学コールフリューゲル，小田裕之（p）

34

セミ　児童（女声）合唱のための

まどみちお

児童（女声）合唱，ピアノ

4'

合唱音楽研究所IPCM

加藤洋朗（指揮），柏少年少女cho，KYCアンサンブル

35

サルヴェ・レジーナ　児童（女声）合唱のための

—

児童（女声）合唱，管弦楽

9'

浜松文化振興財団

新実徳英（指揮），浜松世界青少年音楽祭2014参加団体合同

36

花に寄せて（独唱版）

星野富弘

独唱（ソプラノ／テノール），ピアノ

20'

—

松本美和子（S），椎野伸一（p）〔7曲中の2曲〕

37

ピアノのためのエチュード　第1巻 I，II，III

—

ピアノ

21'

全音楽譜出版社

若林顕（p）

38

佐久平総合高校校歌

和合亮一

合唱（斉唱），ピアノ

3'
佐久平総合高校
—

39
生きる　女声合唱とピアノのための
角田英一
女声合唱，ピアノ
5'
女声合唱団レガーテ
山本恵造（指揮），レガーテ・レガーテOG（cho），山下和子（p）

40
都城市市歌
都城市民
合唱（斉唱），混声2部，混声4部，ブラスバンド，ピアノ
3'
都城市
都城市民

41
三重奏曲《光へ》　クラリネット、ハープとチェロのための
—
ハープ，クラリネット，チェロ
15'
篠崎史子
篠崎史子（hp），山根孝司（cl），苅田雅治（vc）

42
パッサカリアD（改訂版）
—
ヴァイオリン，チェロ，ピアノ
12'
浜中康子
加藤知子（vn），山崎伸子（vc），安田正昭（p）

43
《黙礼スル》第2番——《馥郁たる火を》より　混声合唱とピアノのための
和合亮一
混声合唱，ピアノ
24'
トウキョウカンタート
藤井宏樹（指揮），樹の会（cho），浅井道子（p）

44
《黙礼スル》第1番　混声合唱とピアノのための
和合亮一
混声合唱，ピアノ
15'
合唱連盟虹の会
田中信昭（指揮），合唱連盟虹の会（cho），中嶋香（p）

45
グローリア
—
児童合唱，ピアノ
5'
NHK東京児童合唱団
大谷研二（指揮），ユースシンガーズ（cho）

46
万葉 恋の譜 I
『万葉集』より
メゾ・ソプラノ，二十五絃筝
8'
—
青山恵子（Ms），山本亜美（箏）

47
ピアノ・ソングブック　連弾用
—
ピアノ連弾
17'
—
佐竹優子・新実徳英（p）

48
映画『久高オデッセイ』第三部風章の音楽
角田英一
ピアノ，ピアノ連弾，チェロ
30'
東京自由大学
名田綾子（p），新実徳英（p, vo），横溝宏之（vc）

49
おくのほそ道——みちのくへ　女声合唱とピアノのための
松尾芭蕉
女声合唱，ピアノ

20'
八ヶ岳合唱セミナー川上村
新実徳英（指揮），八ヶ岳ミュージックセミナーcho，寺嶋陸也（p）

50
神はどこに？　Where are the Gods?
—
大編成金管アンサンブル
10'
アンサンブル・ペガサス トウキョウ，山本訓久 編曲
山本訓久（指揮），アンサンブル・ペガサス トウキョウ

51
弦楽四重奏曲第4番《野生へ》
—
ヴァイオリン2，ヴィオラ，チェロ
15'
全音楽譜出版社
クァルテット・エクセルシオ〔小林朋子・山田百子（vn），吉田有紀子（va），大友肇（vc）〕

新実徳英
CDアルバム紹介

[アルバムの表記について]

収録曲→	**交響曲第2番** **二十絃箏とチェロのための《アルジラ——夢の時間》**
演奏者→	▶尾高忠明(指揮), 大阪フィルハーモニー交響楽団, 合唱団京都エコー, 吉村七重(二十絃箏), 安田謙一郎(vc)
録音年→	〈録音:1986年6月, 1996年1月(L)〉※(L)=ライヴ収録
レーベル/製品番号→	[カメラータ　CMCD99050]

※ここでは1990年以降に録音された、著者の楽曲を収録したCDアルバムのうち、「著者の作品のみ」を収録したアルバムを掲載しています。著者の楽曲を一部収録したオムニバス盤は膨大な数にのぼるため、割愛しました。また、掲載アルバムの中には現在メーカー側の事情で生産中止となっているものもあります。

【管弦楽作品】

1

交響曲第2番
二十絃箏とチェロのための《アルジラ——夢の時間》
▶尾高忠明(指揮), 大阪フィルハーモニー交響楽団, 合唱団京都エコー, 吉村七重(二十絃箏), 安田謙一郎(vc)
〈録音:1986年6月, 1996年1月(L)〉
[カメラータ　CMCD99050]

2

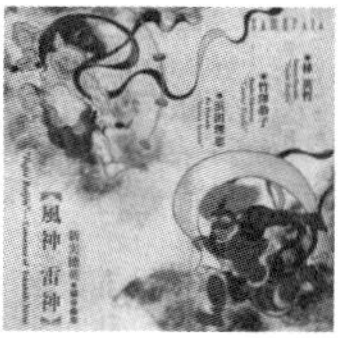

風神・雷神
ヴァイオリン協奏曲《カントゥス・ヴィターリス》
アニマ・ソニート
▶矢崎彦太郎(指揮), 東京都交響楽団, 林英哲(和太鼓), 鈴木隆太(org), 浜田理恵(S), 竹澤恭子(vn), マティアス・バーメルト(指揮), NHK交響楽団
〈録音:2002年1月, 2003年7月(L)〉
[カメラータ　CMCD28051]

3

ヴァイオリン協奏曲第2番《スピラ・ヴィターリス》
太陽風
沈黙へ

▶渡辺玲子(vn), 梅田俊明(指揮), 仙台フィルハーモニー管弦楽団, 岩城宏之(指揮), 東京都交響楽団, 矢崎彦太郎(指揮), 東京都交響楽団

〈録音:1999年10月〜2009年11月(L)〉

[カメラータ　CMCD28237]

4

風水
宇宙樹——魂の路
焔の螺旋

▶外山雄三(指揮), 日本フィルハーモニー交響楽団, 野坂恵子(二十五絃箏), 飯守泰次郎(指揮), 名古屋フィルハーモニー交響楽団, 沼尻竜典(指揮), NHK交響楽団

〈録音:1996年7月〜1997年12月(L)〉

[カメラータ　30CM526]

5

創造神の眼(ピアノ協奏曲II)
ヘテロリズミクス
アンラサージュI

▶高橋アキ(p), 小松一彦(指揮), 東京フィルハーモニー交響楽団, 大友直人(指揮), 東京交響楽団, 森正(指揮), 東京フィルハーモニー交響楽団, 東京混声合唱団

〈録音:1983年2月〜1993年8月〉

[フォンテック　FOCD2513]

【器楽曲作品】

6

弦楽四重奏曲第2番《Asura》
ピアノ三重奏曲《ルクス・ソレムニス》
チェロ・ソナタ

▶クヮトロ・ピアチェーリ〔大谷康子・齋藤真知亜(vn), 百武由紀(va), 苅田雅治(vc)〕, 若林顕(p), 苅田雅治(vc), 大谷康子(vn)

〈録音:2013年10月(L)〉

[カメラータ　CMCD28323]

7

ヴァイオリン作品集《ソニトゥス・ヴィターリス》〔I〜V〕
2つのヴァイオリンのための《舞踊組曲――I love Lucy》
▶渡辺玲子（vn），寺嶋陸也（p），加藤知子（vn）
〈録音：2011年9月（L）〉
［カメラータ　CMCD28275］

8

「ヴァイオリン・ソング・ブック」
〔鳥のシシリアーノ，白のハバネラ，お魚のブルース，黒のラフォリア，落葉の舞，雨のワルツ，青のロマンス，ひばりのマーチ，春のシャンソン，春のエレジー，なぎさのワルツ，そよかぜの子守歌，秋の紅，春に，風まわる，燃える赤，ばらのパヴァーヌ，Gのギャロップ〕
▶大谷康子（vn），榎本潤（p）
〈録音：2000年12月〉
［カメラータ　28CM528］

9

風のかたち
魂の鳥
天の香具山
光の園
弦楽四重奏曲
▶神谷百子（vib），中野真理（fl），中川俊郎（p），新実真琴（Br），田中揺子（p），松原勝也・山本千鶴（vn），城戸喜代（va），苅田雅治（vc）
〈録音：1997年11月（L）〉
［カメラータ　CMCD50019］

10

マリンバのためにII
フルートとギターのための音楽――メロスII
妖精の輪
旋法の虹I〜III
ルクス・オリジーニス（始源の光）
▶神谷百子（マリンバ），小泉浩（fl），佐藤紀雄（g），中川賢一（p），板倉康明（cl），稲垣聡（p），沼田園子（vn），苅田雅治（vc），ブルーノ・カニーノ（p）
〈録音：2000年8月（L）〉
［カメラータ　28CM657］

11

風音
横豎
風韻II
青の島
風を聴く

▶鈴木良昭（cl），川田知子（vn），花崎薫（vc），安田謙一郎（vc），中村明一・菅原久仁義・吉岡龍見（尺八），吉村七重・内藤洋子（二十絃）日本音楽集団
〈録音：1990年11月（L）〉
［フォンテック　FOCD3182］

【声楽曲作品】

12

白いうた 青いうた〔全曲〕
▶藍川由美（S），花岡千春（p）
〈録音：1994年2月〉
［カメラータ　CMCD99041〜2］

13

白いうた 青いうた〔オリジナル版・全曲〕
▶栗山文昭・前田美子・榊原哲（指揮），宇都宮室内合唱団「ジンガメル」，うつのみやレディシンガーズ晶（AKIRA），むさし野ジュニア合唱団「風」，船橋さざんか少年少女合唱団，矢板市立片岡小学校音楽部，斎木ユリ・佐竹賀代（p），他
〈録音：2002年8月，9月〉
［ビクター　VICS61101〜3（分売）］

14

白いうた 青いうた〔全44曲〕
▶新実真琴（Br），田中瑤子（p）
〈録音：1997年3月，4月〉
［ビクター　VICC60041〜2（分売）］

15

白いうた 青いうた〔全28曲〕

▶鮫島有美子・三縄みどり（S），青山惠子（Ms），秦はるひ（p），奥山佳代子（vn），浅野久江（fl），他
〈録音：2007年5月〉
［日本伝統文化振興財団　VZCC1008］

16

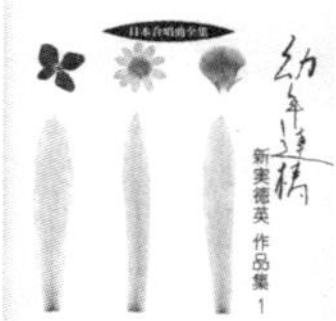

幼年連祷〔5曲〕
常世から〔2曲〕
祈りの虹〔4曲〕

▶関屋晋（指揮），松原混声合唱団，紅林こずえ（p），藤井宏樹（指揮），山梨大学合唱団，服部真由子・中川裕勝（p），畑中良輔（指揮），慶應義塾ワグネル・ソサィエティー男声合唱団，谷池重紬子（p）
〈録音：1995年12月〜2000年7月（L）〉
［ビクター　VICG60144］

17

花に寄せて〔7曲〕
ことばあそびうた〔4曲〕
ことばあそびうたII〔4曲〕

▶前田二生（指揮），東京レディース・シンガーズ，長尾博子（p），田中信昭（指揮），東京混声合唱団（女声），同（男声），大谷しほ子（S），新里和隆（T），田中瑤子（p）
〈録音：1983年7月，1997年7月〉
［ビクター　VICG60145］

18

ぼくは雲雀〔8曲〕
ねむの木震ふ〔8曲〕
南海譜 より〔4曲〕
火の山の子守歌 より〔4曲〕

▶新実徳英（指揮），フォーラム21少年少女合唱団，吉田雅博（p），丹羽容子（fl）
〈録音：1995年7月〜2000年3月（L）〉
［カメラータ　28CM527］

19

のはらうた
おとぎの国から
ことばあそびうた

▶榊原哲（指揮），ひばり児童合唱団，古橋富士雄（指揮），東京放送児童合唱団，水谷俊二（指揮），名古屋少年少女合唱団
〈録音：不明〉
［ビクター　VICS61018］

新実徳英（にいみ・とくひで）

作曲家。1947年名古屋生まれ。東京大学工学部卒業。東京藝術大学作曲科卒業、同大学院修了。77年、ジュネーヴ国際バレエ音楽作曲コンクールにて史上2人目のグランプリならびにジュネーヴ市賞を受賞。以後、数々の作曲賞を受賞する。その管弦楽作品の多くは国内外のオーケストラにより演奏され、国際的な評価を受けている。05年、オペラ《白鳥》を発表。06年、オーケストラ・アンサンブル金沢のコンポーザー・イン・レジデンスに就任（07年まで）。声楽・合唱のジャンルでも人気が高く、詩人・谷川雁との共作として広く歌われている《白いうた 青いうた》、福島での震災・原発事故をめぐって詩人・和合亮一が書いた『詩の礫《つぶて》』による《つぶてソング》など、数々の話題作を発表し続けている。東京音楽大学客員教授。

ARTES
artespublishing.com

A.E.《エー・イー》あるいは希望《きぼう》をうたうこと
新実徳英《にいみとくひで》の「音《おと》・人《ひと》・出会《であ》い」

二〇一六年六月二十五日　初版第一刷発行

著者……新実徳英《にいみとくひで》

発行者……鈴木 茂・木村 元
発行所……株式会社アルテスパブリッシング
〒一五五-〇〇三二
東京都世田谷区代沢五-一六-二三-三〇三
TEL　〇三-六八〇五-二八八六
FAX　〇三-三四一一-七九二七
info@artespublishing.com

印刷・製本……太陽印刷工業株式会社
編集協力……zoSoh
DTP……アーティザンカンパニー株式会社
ブックデザイン……桂川 潤

ISBN978-4-86559-144-6 C1073 Printed in Japan